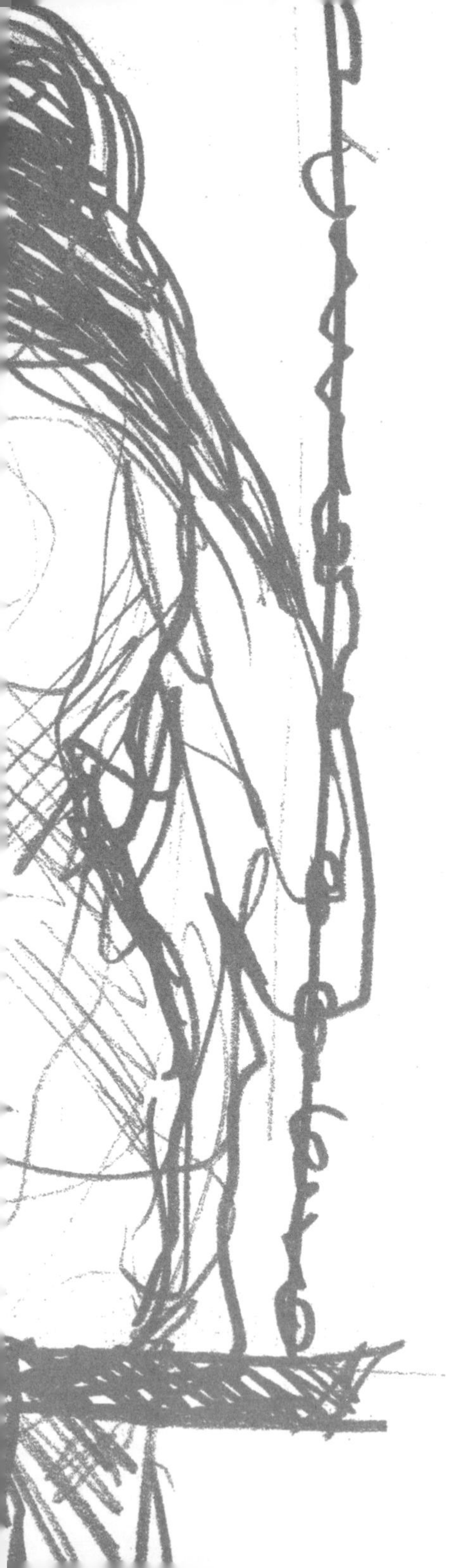

Mães Raras

essas mulheres fortes

Désirée Novaes

1ª edição

2018

Pólen

coordenação editorial Lizandra Magon de Almeida
texto final Tatiane R. Lima
preparação de texto Luana Balthazar
revisão Lizandra M. Almeida, Virgínia Vicari
projeto gráfico e diagramação dorotéia design /Adriana Campos
ilustração de capa Pedro Menezes

Dados Internacionais de Catalogação na Publicação (CIP)
Angélica Ilacqua CRB-8/7057

Novaes, Désirée
Mães raras, essas mulheres fortes / Désirée Novaes. --
São Paulo : Pólen, 2018.
160 p.
ISBN 978-85-98349-54-1
1. Doenças raras — Pacientes - Biografias 2. Pais de crianças doentes 3. Mães e filhos 4. Crianças — Doenças I. Título

18-0744 CDD 926.1609

Índices para catálogo sistemático:
1. Pais de crianças doentes - Histórias

Pólen www. polenlivros.com.br

Agradecimentos

Em primeiro lugar quero agradecer ao meu pai, Wladimir Novaes Martinez, que foi quem me ensinou a amar os livros. Afinal, até meu nome ele escolheu em um livro, *Désirée, O Grande Amor de Napoleão*. Meu pai já escreveu mais de 200 livros.

Agradeço aos meus filhos, Helio Pimentel Neto e Giulliana Novaes Pimentel. Eles me ensinaram a minha mais nobre função, ser mãe. Sem eles, nada faria sentido.

Agradeço também a Adriana Dias Higa, minha mestra. Adriana me ensinou tudo que eu sei sobre doenças raras. E a minha prima e comadre Sueli Garcez, que foi quem teve a ideia deste livro ao ver minha paixão por essas mães raras.

E agradeço principalmente a Linda, Luana, Regina, Jô, Karol, Rosana e Fatima e a todas as mães raras. Vocês são extraordinárias!

sumário

Algumas palavras sobre mães raras...

Adriana Dias Higa

Algumas mães são inexplicáveis. Intraduzíveis. Este é um livro de narrativas sobre mulheres fortes, cujo caminho é marcado por um amor tão intenso que transforma vidas. Eu conheço cada uma delas. É impossível conhecer essas mulheres e não ser transformada por elas.

Elas são mulheres comuns que, diante de desafios imensos, assustadores, abraçaram o amor. Abraçaram o amor todo dia, a cada segundo, a cada desafio. Contaram com as pessoas a sua volta, deram beijos nas bochechas rosadas das crianças que amavam, acreditaram na vida quando parecia impossível e continuaram na luta. Apesar desse desafio inexplicável e intraduzível, elas se tornaram reais.

E como um presente para o coração delas, Désirée, outra amiga extraordinária, extremamente rara também, oferece as histórias dessas mulheres inspiradoras e absolutamente maravilhosas para você. Elas, de verdade, podem transformar sua vida: mudar sua perspectiva, desorganizar o que necessita ser flexibilizado, organizar o que precisa ser ajustado, curar suas feridas, bagunçar seu coração com a guerra de travesseiros que sua criança interior precisa fazer para dar o próximo passo na direção do sentido e do propósito. Aceite, portanto, este livro como um presente. De mulheres para mulheres, de corações para corações, como cura e sentido.

Quando essas mulheres ouviram pela primeira vez "sua (seu) filho(a) tem uma doença rara", elas sentiram sentimentos diversos. Mas todos esses sentimentos foram sendo transformados em pequenos bordados, por cada uma delas. Elas vivenciaram trajetórias muito diferentes. São de classes diferentes, de distintas regiões do país, receberam formações culturais, sociais, simbólicas, religiosas, raciais, absolutamente díspares.

A maternidade de uma criança rara não traz uma receita de bolo e elas não vêm marcadas com uma estrela na testa. Essas mães também não estavam preparadas, elas não foram escolhidas. Mas todas optaram conscientemente por perder bastante para ganhar muito mais. Todas escolheram ficar meio loucas, brigar destemidamente, sentar em camas de hospital por dias, semanas e meses seguidos, virar "mães de UTI", rir, chorar, nunca desistir, falar, ouvir, calar, viver por seus filhos.

O que torna uma mãe capaz de memorizar milhares de exames enquanto faz crochê ou desenha passarinhos? O que faz uma mãe enfrentar parlamentos e equipes médicas, bandos de enfermeiras, convênios de saúde, escolas, indiferença, e fazer um bolo de chocolate no fim do dia? Amor. E com esse amor, tão profundo quanto misterioso, elas bordaram pássaros, manhãs, noites enluaradas, dias nublados, lágrimas, sorrisos, estrelas, madrugadas adentro. Enquanto velavam seus filhos, teciam, com os fios da alma, sonhos de dias melhores, pequenos desenhos de esperança.

Não são histórias simples as que você vai ler aqui. Vão da menina que, ao ser confrontada com bullying, perguntava se o preconceito era de raça, de gênero ou de neurodiversidade. Ou da menina que sofre fraturas até se tossir mais forte, cuja mãe vira noites fazendo pães de mel para pagar seu tratamento, até o menino cuja mente não para em um corpo que não responde a seus desejos de correr o mundo. Entre várias outras.

Uma mãe de criança rara enfrenta desafios únicos: ela lida com a possibilidade de perda desde o primeiro instante. Por isso, seu amor é único também. Tudo parece urgente, porque pode finalizar dali a alguns segundos. E pode realmente. Por isso, também, a vida parece mais simples. Não se perde tempo inventando problemas imaginários, pois os reais são imensos.

Os exames, a fragilidade da vida e o medo da morte tornam grandes questões diminutas e pequenas, enormes. O dinheiro nunca será suficiente. O tempo nunca será suficiente. O filho sempre estará em primeiro lugar. Quase nunca o pai entenderá isso. No Brasil, conforme pesquisa realizada em 2012, cerca de 78% dos pais abandonam essas mães antes de a criança completar cinco anos. Um dado alarmante, pois se a mãe é a cuidadora principal, numa lógica perversa que faz da mulher responsável por quase todo cuidado infantil no Brasil, no caso da mãe de criança com doença rara ela passa a acumular esse cuidado redobrado com o provimento da casa. Mas como cuidar e prover ao mesmo tempo?

Doenças raras trazem solidão, isolamento social. Afinal, que tempo tem uma família com criança com doença rara de fazer algo além de cuidar da própria criança? Além de buscar novos tratamentos, de dar conta da agenda de médicos, fisioterapia, nutricionista e cuidados? Some-se a isso o fato de que o mundo isola o diferente. As mães aqui narradas lutaram contra a incompreensão e as interrogações do outro. Quase todo o tempo.

Desde os anos 1980, quando surgiu o movimento das mães raras, associações de pacientes de doenças raras se formaram. Os avanços nos métodos de pesquisa genômicos tornaram-se fundamentais para viabilizar aos pesquisadores a investigação e o diagnóstico dessas doenças e milhares de novas descrições foram realizadas. Atualmente, são conhecidas algo entre 6 e 8 mil doenças raras, número que varia conforme a classificação. Ainda que esse critério não seja aceito unanimemente por parte de todos os pesquisadores, usamos no Brasil a definição da Organização Mundial de Saúde (OMS) que define como doença rara aquela cuja prevalência afeta 65 indivíduos a cada 100 mil habitantes. O diagnóstico é uma tarefa árdua no Brasil, e muitas crianças morrem sem terem sido diagnosticadas.

Nesses grêmios de doentes, famílias de diversas origens sociais começaram a dialogar sobre suas doenças comuns e passaram a exigir direitos. As associações, ao se vincularem em uma luta comum, alcançaram mais força política. Quanto mais associações presentes na luta, mais forte o movimento se via.

Mães com crianças com doenças raras entraram na luta. Desde o início, brigam com os dragões que enxergam seus filhos e filhas como números, registros ou problemas. Para elas, essas crianças, bênçãos infinitas, motivo de vida, são vidas. Simplesmente porque são mesmo. Vidas que valem a luta. E as mães deste livro fizeram da luta a própria vida. E nunca lutaram apenas pelas suas, mas por todas as crianças com doenças raras.

No meio do meu caminho, eu as encontrei — Regina Próspero, Luana Ribeiro, Jô Nunes, Karolina Cordeiro, Linda Franco, Rosana Martinez e Fátima Braga, as mães bordadeiras de esperança, junto com a autora desse livro maravilhoso — e nossos caminhos se acolheram para lutar por todas as vidas com doenças raras. Nossas vidas com doenças raras, nossos bordados de amor, nossas esperanças de dias melhores.

Você tem em mãos histórias de chorar, de rir, de emocionar. Abra seu coração. Permita que essas sete mães bordem sua alma também, para que depois de tudo essas histórias lembrem que você é humano — esse é o mais importante dos dons. Afinal, as mães existem para nos lembrar de nossa humanidade. O amor delas persiste para nos lembrar da eternidade. O presente livro é um dom de humanidade e eternidade. Se você permitir, ele lembrará a você o caminho original, aquele de que todos precisamos.

Receba este livro como uma colcha bordada, que traga reconhecimento de si mesmo e acolhimento a seu coração, sempre.

Ótima leitura.

* *Adriana Dias Higa é doutoranda pela Unicamp, coordenadora do Comitê de Deficiência da Associação Brasileira de Antropologia, coordenadora de pesquisa no Instituto Baresi e na ONG Essas Mulheres.*

raro
adjetivo
1.
que não é comum, vulgar; que poucas vezes se encontra, se vê.
"beleza r."
2.
que ocorre de forma infrequente.
"doença r."

apresentação

Eu era uma pessoa como qualquer outra — talvez só mais estabanada, desajeitada, descuidada, indisciplinada e até um pouco preguiçosa. Era isso, afinal, que me diziam. Fui uma bebê que se sentou somente aos dez meses e que deu os primeiros passos quando tinha um ano e três meses. Na infância, vivia com o joelho ralado e cheia de hematomas por cair, esbarrar e derrubar o que tivesse pelo caminho. Para piorar minha fama, vivia cabulando as aulas de educação física e sofrendo para sair da cama de manhã cedo. Cheguei à idade adulta cheia de cicatrizes, não só dos machucados, mas também dos adjetivos que colocavam em mim.

Descobri um outro universo, por acaso, em 2012. Para apoiar uma amiga, fui à cerimônia de fundação da Associação Brasileira de Síndrome de Ehlers-Danlos e Hipermobilidade, a SED BRASIL. Viviane decidira, ao lado de mais duas mulheres, ampliar o conhecimento sobre uma doença incompreendida, subdiagnosticada e séria, que nasce de um defeito genético no tecido conjuntivo das articulações e causa hipermobilidade articular, pode envolver a pele e causando fragilidade ou hiperextensibilidade e centenas de outros sintomas.

Ao longo da apresentação, a surpresa: eu me vi em cada slide, em cada característica daquela síndrome rara que afeta muitas pessoas no Brasil. Eu não era simplesmente estabanada, desajeitada, descuidada, indisciplinada e preguiçosa, nada era por acaso. O diagnóstico se confirmou anos depois pelo reumatologista chileno Dr. Jaime Bravo da Silva, que conheci em um congresso na Bélgica, e pela fisioterapeuta Neuseli Marino Lamari, a única especialista em SED no Brasil.

Naquela noite, porém, eu senti que, mesmo sem o diagnóstico fechado, eu não podia ficar mais com os braços cruzados. Afinal, aquele universo também era a minha realidade. Posso dizer hoje que sou pouco afetada, já que carrego muitos sintomas com baixa gravidade, ao contrário de outras pessoas que padecem de sérias complicações, como bursites, tendinites e outras dores crônicas. Além disso, a Síndrome de Ehlers-Danlos não é degenerativa, progressiva e fatal, ao contrário de outras doenças raras. Escolhi ali, naquele momento, não o "V" de vítima, mas o "V" de voluntária, e passei então a abraçar todas as nuances da luta contra uma doença.

Uma única bandeira pela qualidade de vida

Manter uma associação sem fins lucrativos não é fácil. Os desafios se multiplicam e fazem com que as pessoas abandonem o campo de batalha. Isso também aconteceu na SED BRASIL. Passei de voluntária a vice-presidente, acumulando várias funções: administração de duas páginas no Facebook e um grupo de apoio com 2,7 mil membros na mesma rede social; interação com especialistas e associações, inclusive internacionais; acompanhamento e suporte no desenvolvimento de políticas públicas; e participação, ainda, em congressos e eventos. Dedico não só tempo, mas também recursos financeiros próprios a essa causa. Digo mais: essa realidade não é só minha, mas também de outros 13 milhões de brasileiros, pelo menos.

Esse é o volume de pacientes no Brasil de doenças raras, termo utilizado pela primeira vez no mundo na década de 1980. Antes disso, muitos eram chamados de nomes muitos piores que aqueles adjetivos que as pessoas usavam para me descrever. Eram taxados de aberrações. A partir do mapeamento do genoma humano, os especialistas descobriram que a origem dessas doenças é majoritariamente genética.

Entre buscas, diálogos e descobertas, percebi que todos nós conhecemos ou até convivemos com alguém com alguma doença rara, uma vez que:

- Existem entre 6 e 8 mil enfermidades catalogadas como raras no mundo.
- É a causa de cerca de um terço das deficiências físicas, motoras ou intelectuais.
- É a principal causa de mortalidade infantil até os cinco anos.

Nesta luta, são muitos os inimigos — a começar pela falta de informação, que retarda o diagnóstico que poderia oferecer mais qualidade de vida para os pacientes.

Para se ter uma ideia, não se falava em doença rara no Brasil até 2004. O tema começou a ganhar corpo, às custas de muito suor e vidas, somente depois de dez anos, quando foi publicada pelo Ministério da Saúde a Portaria 199[1]. Em 30 de janeiro de 2014, nasceu a Política Nacional de Atenção Integral às Pessoas com Doenças Raras no âmbito do Sistema Único de Saúde (SUS), que definiu, pela primeira vez, doença rara como toda e qualquer enfermidade com prevalência de até 65 pessoas a cada 100 mil habitantes. Essa portaria, que não é lei, trouxe alguns avanços, que ainda não foram completamente implementados. A desinformação ainda é grande, assim como o preconceito, o isolamento e a solidão.

Para ampliar minha voz e a dos demais pacientes da Síndrome de Ehlers-Danlos e Hipermobilidade, eu me uni a outras associações ligadas a doenças raras. Assim como a SED BRASIL, elas também têm poucos representantes, que carregam consigo coragem, resiliência e uma vontade insaciável de realizar. Entre tantos personagens, quem chamou minha atenção desde o início foram as mães. Elas não eram as pessoas com a doença, mas se tornavam as protagonistas das histórias.

O arquétipo materno talvez seja a figura mais conhecida e explorada da nossa civilização. É tão comum e, ao mesmo tempo, tão difícil de explicar, que é impossível não esbarrar em clichês, como "só as mães sabem o que é ser mãe".

A verdade é que nenhuma mulher está 100% preparada para a maternidade. Descobre-se esse novo papel, tão seu e tão único, logo nas primeiras horas. O bebê recém-nascido e a mãe recém-nascida continuam sendo, durante um tempo variável, um só corpo. O filho deixa a barriga de sua progenitora, mas não vive sem

1. A Portaria nº 199, de 30 de janeiro de 2014, instituiu a Política Nacional de Atenção Integral às Pessoas com Doenças Raras, aprova as Diretrizes para Atenção Integral às Pessoas com Doenças Raras no âmbito do Sistema Único de Saúde (SUS) e institui incentivos financeiros de custeio. Mais informações: http://bvsms.saude.gov.br/bvs/saudelegis/gm/2014/prt0199_30_01_2014.html.

ela, que se vê imersa em uma nova simbiose: dorme quando o bebê dorme; alimenta-se para poder alimentar; entrelaça-se em um forte vínculo invisível que não é cortado com o cordão umbilical.

A separação desses dois seres não se dá no parto — vai acontecendo nos dias, meses e anos seguintes, conforme o filho vai ganhando independência. É exaustivo, mas todo mundo sabe que é passageiro. A cada dia o filho se torna mais independente e, aos poucos, em um ritmo que nem sempre é seu, a mãe volta a existir. E a ser esposa, filha, amiga, profissional, mulher e o que mais ela quiser.

Naquela noite, na fundação da SED BRASIL, eu não descobri somente a minha síndrome e o voluntariado. Esse universo trouxe para o meu convívio mulheres que fazem qualquer um se sentir muito pequeno ao redefinir o conceito de maternidade e de doação ao outro.

Essas mulheres, qualquer que seja sua origem e os recursos de que dispõem, não foram preparadas para ter um filho com uma doença grave, que exige tanto ou mais que um bebê recém-nascido. O tempo passa e o elo se mantém, enfraquecendo ou interrompendo a conexão com outros, que ficam em segundo plano. São demandadas exaustivamente dia após dia, meses após meses, anos após anos, já que 75% dos pacientes de doenças raras são crianças ou jovens. São enfermidades para as quais não há cura e, em poucos casos, cerca de 2%, há medicamentos capazes de interferir na progressão, cabendo aos demais tratamentos paliativos e outros serviços para atenuar sintomas. Por isso, essas mulheres abraçam o papel mais urgente que lhes é oferecido, o único que são capazes de ser naquele momento: mãe.

O despertar da heroína

O termo "mães raras" designa as progenitoras de pacientes de doenças raras, mas não se limita a isso. São mulheres, em sua maioria, que descartam o drama. Em muitos casos, elas não cursaram faculdade nem têm poder econômico, mas se tornam ativistas respeitadas, dispostas a evitar que outras famílias passem pelo mesmo sofrimento. A empatia está em seu DNA, junto com a compaixão, a força e a agilidade emocional. Em vez de se enfraquecer, a vulnerabilidade exposta pela doença empodera essas mulheres, que transformam os limões entregues pela vida, não em limonada, mas em uma bela musse de limão.

Não se trata de desmerecer o suporte dado por outros membros da família. As mães tornam-se as protagonistas porque, em geral, 78% dos homens saem de casa quando nasce uma criança com doença rara e/ou deficiência. Na maioria das vezes, também, a mãe tem de deixar de trabalhar para cuidar do filho. Então, além do diagnóstico difícil, essas mulheres ainda precisam enfrentar grandes dificuldades financeiras e emocionais.

Sou mãe do Helio, 28 anos, e da Giulliana, 23 anos. Nenhum deles têm doença rara. Antes de completar dois anos de idade, minha filha teve úlcera no esôfago. Nós demoramos uma semana para fazer o diagnóstico e eu quase enlouqueci nesse período, ao vê-la se contorcer de dor, sem saber explicar o que estava sentindo. Foram três consultas em três dias seguidos com o pediatra até o encaminhamento para uma gastropediatra, que pediu uma endoscopia. Com o resultado, veio o diagnóstico: úlcera no esôfago e esofagite devido a refluxo. A solidão e o medo que eu senti naqueles dias ainda estão claros na minha memória, por isso posso afirmar que a maternidade rara é diferente da típica. Ninguém é capaz de dimensionar a reviravolta sofrida na vida dessas mulheres ao se tornarem mães raras. Não é possível romancear um tema tão duro e dolorido.

As protagonistas — por que essas mulheres?

Eu escolhi sete mulheres para este livro, mas calcula-se que existam cerca de 10 milhões no Brasil. Cada mãe retratada aqui tem um filho com uma síndrome diferente, o que determina histórias muito distintas. Para escrever melhor sobre elas, fiz entrevistas pessoalmente, visitei suas casas e vi o dia a dia delas com seus filhos ou com a ausência deles. Foram mais de 5 mil quilômetros viajados, mais de vinte horas de entrevistas em cinco cidades diferentes, de cinco estados.

Nenhuma dessas mulheres escondeu a doença rara ou o próprio filho, sendo muitas vezes criticadas por expô-los. Nenhuma se aquietou enquanto não teve o diagnóstico definitivo para seu filho. Muitas foram contra maridos e família que achavam ser exagero delas. Nenhuma se sentou esperando ajuda do governo ou de qualquer outro órgão — pelo contrário, lutaram e cobraram pelo direito dos filhos e de outros pacientes também. São mulheres que, ao ter um filho raro, descobriram a solidão e a realidade de ser mãe rara. Acima de tudo, encontraram na necessidade a oportunidade de se reinventar.

Foi muito gratificante conhecer melhor as histórias dessas protagonistas. Cada uma descortinou o que quis, oferecendo nestas páginas a amorosa acolhida que, muitas vezes, não encontraram ao longo do caminho. Preservo, assim, nomes e passagens de suas vidas íntimas, que não atrapalham a constatação de como diante da dor elas se fizeram gigantes. É por essas e por outras mães raras, especiais por natureza, que expresso minha mais profunda admiração.

A pequena gigante

Foi por causa de Linda que a ideia deste livro nasceu. Nada mais lógico, então, do que começar esta obra com ela.

Eu a conheci pessoalmente em São Paulo, no evento do Dia Mundial das Doenças Raras de 2013. Já tinha ouvido falar muito da famosa Linda Franco. Para quem está de fora pode parecer estranho, mas no mundo das doenças raras também existem celebridades. E, para mim, Linda Franco era uma delas, senão a maior!

Minha primeira surpresa foi encontrar aquela moça, pequena até, que parecia tão delicada e frágil, diferente da gigante que conhecia das redes sociais. Eu estava apenas começando a entender o mundo das doenças raras e sabia muito pouco dessas mulheres. Ao fazer uma palestra muito emocionante sobre a vida com o filho Gabriel, paciente de Adrenoleucodistrofia, aí sim a Linda gigante apareceu. Sua fama e reputação, dignas de celebridade, não são à toa e você entenderá o porquê.

Pouco depois, em outubro do mesmo ano, Linda organizou um churrasco beneficente em sua casa, e eu, com toda minha cara de pau, fui. Era o Primeiro Churrasco dos Raros de Curitiba e Região. Vi de perto as dificuldades enfrentadas por ela e sua família — dificuldades comuns à maioria das mães raras. Aquela mulher bonita, vaidosa, articulada, sempre bem arrumada, que faz um trabalho importantíssimo ajudando milhares de pessoas em todo o Brasil, morava em uma casa alugada simples, em uma avenida sem asfalto de um bairro carente de Araucária, região metropolitana de Curitiba. Um dos cômodos da casa era o quarto do Gabriel, transformado em quarto de hospital no sistema *homecare*, com enfermagem 24 horas por dia, fornecido pelo convênio. Aparentemente ele estava inconsciente, sempre na cama, com ventilação mecânica e alimentação enteral.

Desde o primeiro encontro, selei com aquela pequena gigante uma amizade especial: quando ela vem a São Paulo, hospeda-se em minha casa; sempre que posso, participo dos eventos beneficentes que ela organiza em Curitiba. É uma amizade à distância, mas muito forte.

Em outubro de 2016, convidei-a para o evento do Dia Mundial das Doenças Raras de São Paulo, que aconteceria no ano seguinte, entre 13 e 18 de fevereiro. Passagens compradas, hospedagem garantida em minha casa, tudo pronto. Mas o evento foi adiado. Como trocar as passagens sairia caro, resolvi aproveitar sua vinda e organizar a Primeira Roda de Conversa entre Mães Raras. Mas por fim ela não veio, porque Gabriel apresentou uma piora preocupante e ela não quis deixá-lo no Paraná. Gabriel faleceu três dias depois daquele bate-papo. E foi ali, mesmo sem a presença física de Linda, que surgiu a ideia de contar a história dessas mulheres.

Em maio de 2017, poucos meses após a morte de Gabriel, estive em Curitiba para entrevistá-la para o livro. Foi uma entrevista muito emocionante, pois a morte do filho ainda era muito recente. Era o início da construção de uma nova identidade para Linda. Afinal, antes da descoberta da Adrenoleucodistrofia, ela era Linda. Mãe do Diego. Mãe do Gabriel. Namorada do Mauro. Estudante de Direito. Funcionária de uma escola de idiomas. Filha de dona Edna e seu Jeremias. De repente, tornou-se apenas Linda Franco, mãe de Gabriel Pollaco, deixando todas as outras facetas da mulher em segundo plano.

Essa transformação não foi fácil, mas ela sempre parecia feliz. Com essa força, tornou-se referência em Adrenoleucodistrofia no Brasil e criadora e administradora do maior grupo de troca entre mães especiais do Brasil. Fez das dificuldades, da solidão e do luto parte de seu trabalho com as mães com quem convive. E é isso que a move agora: a Família ALD Brasil.

Esta é a história de Linda, como ela me contou.

Linda Franco, mãe do Diego, da Sofia e do Gabriel, paciente de Adrenoleucodistrofia, falecido em 16 de fevereiro de 2017 aos 14 anos

Eu fui mãe muito jovem. Engravidei do meu primeiro namorado na adolescência, pouco tempo depois de meus pais decidirem deixar Medianeira, no interior do Paraná, para buscar oportunidades em Curitiba. Eu ainda cursava o Ensino Médio quando me casei com o pai do Diego. Nós nos separamos cinco anos depois e meu filho ficou com a avó, que morava a duas quadras da escola. Durante parte da minha vida, eu me culpei por isso, mas hoje sei que, estudando e trabalhando, não poderia dar a ele a vida que merecia.

Foi na escola de idiomas em que atuava que conheci o pai do Gabriel, meu segundo filho. Ele, que lidava com turismo e já tinha morado nos Estados Unidos, também veio a Curitiba tentar a vida. Nós ficamos juntos um tempo, até ele decidir voltar para Orlando. Contei que estava grávida por telefone e ele voltou, trazendo consigo todo o enxoval para a criança. Na época, eu tinha mais ou menos 24 anos, e a gestação foi completamente normal. Só sentia muito enjoo.

Tudo correu normalmente durante os primeiros anos. Nós três morávamos em um apartamento alugado, e eu tinha até começado a cursar Direito. Quando o pai do Gabriel decidiu se mudar para o Rio de Janeiro, onde tinha família, eu preferi ficar, pois não podia deixar o Diego. Mesmo não morando comigo, não podia abandoná-lo. O Gabriel adorava visitar os avós em Niterói, e, aos quatro anos, foi morar com eles.

Já nesta época, ele se mostrava hiperativo. Para mim, não era nada fora do normal, até porque não se pode dizer que toda criança superagitada desenvolve ou tem algum problema. A avó paterna, que era secretária de um neuropediatra, marcou uma consulta, mas o médico pediu para observar e esperar até que o garoto completasse seis anos. Mais tarde, eu soube que um exame de ressonância magnética, naquela época, já poderia ter acusado o diagnóstico.

Por vontade dele, Gabriel voltou a morar comigo dois anos depois, em 2008. Este foi o ano em que a doença começou a se desenvolver. Hoje eu conheço os sintomas, mas, na época, nada sabia. Por isso, não estranhei, por exemplo, a hiperatividade. Quando quebrou o braço brincando em uma pizzaria, minha reação foi prática. "Vou fazer um convênio para esse piá", decidi. Também não estranhei o tom da sua pele. Achava que era só um bronzeado de praia, mas já era uma insuficiência adrenal[1]. Meu filho também se mostrava cada vez mais agressivo, mas a avó paterna dizia que ele tinha puxado o pai. Para tudo a gente sempre tinha uma desculpa.

1. A insuficiência adrenal é causada pela produção deficiente dos hormônios glico e mineralocorticoides pelo córtex das glândulas adrenais.

Até que fui chamada na escola e a diretora me perguntou o que estava acontecendo dentro de casa. Eles também estranhavam o comportamento dele e buscavam uma explicação. Indicaram-me uma psicopedagoga, que, após oito sessões, disse:

— Mãe, está tudo normal com o Gabriel.

Aquele feedback sedimentou em mim a certeza de que havia algo errado na escola, que ele já não queria mais frequentar. Em janeiro de 2009, meu filho começou a perder a visão. Levei ao oftalmologista, que receitou óculos e levantou, pela primeira vez, a hipótese de um problema neurológico. Eu não conhecia nenhuma criança com deficiência; nem cadeirantes eu encontrava pelas ruas naquela época. Esse era um universo que, até então, não sabia que existia.

Não demorei a procurar o neuropediatra, mas, entre uma consulta e outra, passaram-se quase vinte dias. Como não tinha noção da gravidade, eu esperava e passava o maior sufoco. Para você ter uma ideia, no aniversário de sete anos, no dia 7 de maio, Gabriel ganhou a bicicleta que tanto pedia. Quando meu pai entregou o presente, ele não a enxergou. Sua visão estava mais comprometida do que imaginávamos, porque ele não reclamava nem nada.

No fim daquele mês, ele já estava completamente cego e mais agitado que o normal. Eu apanhava dele no rosto e na boca do estômago. Pudera! Gabriel já não enxergava nada e aquela agressividade era sua forma de colocar para fora o que sentia. Sabe o que eu pensava naquele momento? "Se ele só tiver problema de vista, se só ficar cego, tudo bem. Quantos exemplos a gente vê por aí de pessoas que têm sucesso, conseguem ter uma vida normal?" Era isso que eu repetia em silêncio.

A neuropediatra do convênio pediu vários exames. Quanto mais o tempo passava, mais a situação se agravava. Gabriel, que já era alfabetizado, deixou de ler e escrever. O resultado da ressonância apontou um caminho — leucodistrofia metacromática. Ao ler o laudo, a médica disse para mim:

— Mãe, eu vou ter que estudar o caso, porque eu nunca vi nada igual, nem uma regressão dessa forma.

Brinco que ela está estudando o caso até hoje, porque nunca mais entrou em contato comigo. O que eu fiz? Abracei a causa. A mãe já tem esse papel, então imagina diante de uma doença. Eu não esperei, abri o computador, digitei todos os sintomas do Gabriel e disparei e-mail para especialistas não só de Curitiba, mas também de Porto Alegre, Rio de Janeiro e São Paulo. Tenho certeza de que Deus estava me orientando desde o início.

Obtive uma resposta do neuropediatra do Instituto de Neurologia de Curitiba (INC), Dr. Luís Celso Amaral, que me atendeu sem cobrar consulta. A esta altura, o Gabriel, além de cego, não falava mais coisa com coisa, nem tinha memória de curto prazo. Ele comia e esquecia que tinha comido; fazia xixi e não se lembrava. Passei três horas com esse médico, respondendo perguntas que resgatavam todo o histórico do Gabriel, desde a sua gestação. Ao final, ele me entregou um relatório enorme e me encaminhou para o geneticista Salmo Raskin.

Entre as duas consultas, o quadro se agravou ainda mais: Gabriel era capaz de andar 48 horas seguidas, de um lado para o outro, sem dormir nem se sentar. Após várias voltas no quarteirão, ele se acalmou e permaneceu no carro, onde o médico foi examiná-lo. Lembro-me até hoje das largas mãos peludas do médico se aproximando das narinas do meu filho, que, àquela altura, reconhecia as pessoas pelo cheiro.

A escolha do especialista foi seguir a linha de raciocínio da ressonância e pesquisar a doença sugerida. Antes de me mandar embora, porém, Dr. Salmo me encaminhou ao consultório da Dra. Mara Lúcia Schmitz Ferreira Santos, do Hospital Pequeno Príncipe.

— Ela é especialista nessas doenças — garantiu.

Eu já sabia quem ela era. Durante as minhas buscas por respostas na internet, esbarrei em seu nome. Além da agenda lotada, havia para mim outro impeditivo: a consulta era muito cara. Só que o Dr. Salmo resolveu encurtar significativamente esse caminho e, uma hora e meia depois da visita ao geneticista, a Dra. Mara já estava examinando meu filho. Ao olhar para o Gabriel e o exame, ela cravou:

— Mãe, o diagnóstico é Adrenoleucodistrofia. Já tive uns dez pacientes com essa doença.

Falei sem pensar:

—Tem algum vivo?

A especialista balançou a cabeça, em sinal negativo, e me encaminhou para o Hospital Pequeno Príncipe. A investigação, finalmente, começou, com exames sendo colhidos e enviados para fora do Brasil. Como até hoje os convênios não cobrem esse serviço, passei pelo Serviço Único de Saúde (SUS).

Gabriel mal deu entrada e já teve que fazer uma gastrectomia. Eu não sabia nada sobre doença alguma e só havia estado em hospital para dar à luz os meus filhos. De repente, um deles precisou ser amarrado e dopado, tamanha a agitação, para passar por um procedimento invasivo como aquele. Graças à Dra. Mara, verdadeiro anjo, a qualidade de vida do meu filho sempre foi priorizada. Afinal, ao contrário de mim, ela sabia tudo que poderia acontecer. Eu aprendi com experiência após experiência, dia após dia. Tem mãe que diz que não aceita traqueostomia ou gastrectomia, mas eu não passei por essa fase de querer ou não aceitar. Eu não sabia de nada, vivi tudo de supetão. Chorei muito, sofri muito.

Nessa época, o pai dele morava fora do Brasil. Eu compartilhava a minha preocupação, mas ele duvidava da gravidade e achava que era coisa minha, que estava buscando doença à toa. Até o dia em que meu pai passou a mão no telefone e disse:

— Se você quiser que o teu filho te veja, venha logo porque o Gabriel está ficando cego.

Ele veio e o filho, já debilitado, não reconheceu a voz, o toque e o cheiro do pai. Família e amigos também começam a desaparecer. No começo, as pessoas ligam, recomendam uma igreja ou outra, dizem para não perder a fé em Deus, que essa é só uma provação e Ele operará o milagre. Recebi também gente na minha casa afirmando que a doença era resultado de um trabalho feito contra mim, que recaiu sobre o Gabriel. Ouve-se de tudo — e muita besteira inclusive.

Eu confesso que, na primeira internação, enquanto todo mundo me mandava buscar um milagre, eu duvidei da existência de Deus. Afinal, meu filho só tinha sete anos, era um anjo, por que teria uma doença dessas?

É muito difícil, porque essa doença rara é progressiva e degenerativa. A cada dia perde-se um pouco mais. Costumo dizer que, quando a criança nasce com paralisia, a mãe idealiza um filho que não veio. No meu caso, tive dois em um. No hospital, e durante muitos anos, eu tinha um Gabriel que não era mais a mesma criança que vi crescer. Cuidava de um, enquanto vivia o luto do outro.

O diagnóstico foi fechado em agosto, três meses depois do Gabriel ter ficado completamente cego. A Adrenoleucodistrofia é uma doença genética e desmielinizante. O gene defeituoso é o ABCD1 do cromossomo X, passado pela mãe para o filho. Eu confirmei isso através de um exame de sangue chamado Ácidos Graxos de Cadeia Muito Longa. Hoje, entendendo mais a doença, penso no meu irmão que faleceu ainda criança por pneumonia dupla. A cor da pele dele era diferente da do resto da família, o que me leva a crer que teve uma insuficiência adrenal. Para mim, é quase certo que ele teve a mesma doença.

Normalmente, ela se manifesta entre quatro e dez anos de idade; hoje, porém, há casos de mutação, em que o gene defeituoso foi identificado somente no indivíduo adulto. Desenvolve-se de duas formas: pela insuficiência adrenal, que causa a mudança no tom da pele, ou pela lesão cerebral, que gera uma série de sintomas, inclusive crise convulsiva. Neste caso, a ressonância de crânio mostra manchas brancas no cérebro em formato de asa de borboleta. Quando se manifesta somente na fase adulta, a lesão, em geral, é medular e pode ou não evoluir para o cérebro.

> **Lançado em 1992, o filme *O Óleo de Lorenzo* trouxe Susan Sarandon e Nick Nolte interpretando os pais do garoto diagnosticado aos seis anos de idade com Adrenoleucodistrofia. A história, baseada em fatos reais, narra a luta do pai que, sem treinamento especializado, desenvolveu uma fórmula capaz de retardar os sintomas da doença degenerativa do filho. Lorenzo Odone viveu vinte anos a mais do que o prognóstico médico, e faleceu logo após completar 30 anos de vida.**

Seis meses depois do diagnóstico fechado, o Gabriel passou por uma traqueostomia e começou a respirar por ventilação mecânica. Aquela internação de supetão tornou-se, então, uma estadia de três anos. A evolução da doença foi tão rápida que surpreendeu até a Dra. Mara. A expectativa era que ele não tivesse mais do que um ano e meio de vida.

Eu larguei tudo e todos pelo Gabriel. Tranquei a faculdade de Direito, saí do emprego e assumi toda a responsabilidade. Namorava o Mauro, que me dava muito apoio. Quando as pessoas me perguntavam como o Gabriel estava, eu mentia e dizia que estava tudo bem. Era, externamente, uma verdadeira fortaleza.

Quando descobri que estava grávida de novo, sofri muito. Eu colocava a mão na minha barriga e orava, pedindo a Deus, para que a criança não tivesse a doença. Era o que conseguia fazer. Um dia, parei em frente a uma vitrine e chorei muito. Sentia muita culpa — afinal, estava ali, olhando roupa de bebê enquanto Gabriel estava no hospital. Gritei de alívio quando soube que era uma menina, sem me desligar do futuro que poderia oferecer a ela. "Vou viver dentro de um hospital. Como vai ser com a Sofia?", pensava.

Durante um exame, a vida me surpreendeu de novo. O médico disse:

— Mãe, ou vai nascer com deficiência ou vai nascer sem vida.

Mesmo com o pré-natal e todo acompanhamento, tinha perdido muito líquido e o bebê tinha parado de crescer. Da ecografia, fui direto para a sala de parto. Baixinho, eu repetia para mim mesma: "Senhor, se o Senhor me der dois filhos especiais, é porque vou dar conta". A Sofia nasceu com apenas 1,3 kg e foi direto para a UTI. Consegui transferência para o Pequeno Príncipe para que os irmãos ficassem internados no mesmo local, separados apenas por alguns andares.

Quando olho para trás, parece que é mentira tudo que passei. Eu nem imaginava quão forte era. A Sofia fez o exame de ácidos graxos e tanto ela quanto o Diego herdaram meu x bom; só o Gabriel recebeu o defeituoso. A prova de que Deus faz tudo certo é que, depois que a irmã nasceu, o Gabriel não teve mais internações longas. A doença desacelerou e estagnou. Acredito que foi o cuidado, mas, acima de tudo, o amor.

A metamorfose

Quando digo que a Dra. Mara é um anjo, refiro-me à preocupação dela não só com os pacientes, mas também com as famílias. Afinal, conhecia como ninguém a evolução da doença. Ela, que é espírita, recomendava livros que me confortavam e me ajudavam a viver um dia por vez. É normal, naquela situação, esquecer-se dos seus planos, de onde você quer estar daqui a cinco anos, de viver o hoje. Essa orientação da neuropediatra do meu filho foi um guia. Eu reaprendi a viver e a valorizar pequenos detalhes que passam despercebidos no dia a dia. Foi ela também quem, certa vez, sugeriu que eu começasse a escrever tudo que sentia. Segui à risca sua recomendação e dessa escrita nasceu o blog Família ALD.

Sempre me recomendavam ajuda psicológica, mas arrumava desculpa para não ir. Quando o Gabriel foi para casa em 2010, o *homecare* mandava a psicóloga para o nosso lar. Esse apoio foi muito importante, porque eu descobri que podia conversar com ela sobre temas que não me sentia confortável para compartilhar com o Mauro ou com a minha mãe. Até então, eu não me permitia deixar o Gabriel para viver outras coisas, não falava sobre luto.

Com o suporte dela, veio o amadurecimento. Eu aprendi que precisava estar bem para cuidar do Gabriel, porque só assim era capaz de cuidar melhor dele. Não pense que é fácil. Eu fiz muitos amigos, porque amizade de hospital não quer algo em troca, mas mesmo neste círculo há muitas críticas. Fui acusada de largar meu filho, depois que saí uma noite para jantar com meu marido. Fui criticada no blog quando escrevi que queria que Deus permitisse o descanso do Gabriel, o que me fez postar e excluir textos várias vezes. Eu simplesmente não era forte o suficiente para encarar críticas.

As pessoas nem imaginavam que meu maior medo era justamente sair e perder meu filho. Quem não acompanha a progressão de uma doença vive na ilusão de que a morte não vai chegar nunca. Eu vivia a realidade e sabia que isso aconteceria. Apitava o aparelho no quarto e eu já saía correndo pensando: "Será que é agora?". Com a psicóloga, aprendi a contar para ele onde estava indo e a me despedir sempre que saísse. Se acontecesse algo enquanto estivesse fora, eu sabia que era uma escolha dele partir longe de mim. E foi o que aconteceu.

Eu estava fazendo um minicurso sobre luto. O quadro do Gabriel havia se complicado havia alguns meses, pois o estômago dele tinha parado de funcionar e a alimentação ia direto para o intestino. Eu sabia que aquela era a reta final, pois não havia mais prognóstico de vida. Com ajuda da equipe médica, ele já tinha entrado na fase dos cuidados paliativos. A única forma de comunicação com meu filho era fazer perguntas e pedir que piscasse duas vezes. Eu não sabia se a reação dele era uma resposta efetiva ou uma coincidência. Para a médica, ele nada entendia.

Em 16 de fevereiro de 2017, meu plano era passar o dia estudando. Estava no Habib's, comendo uma pizza, quando o telefone tocou. Era o *homecare*, querendo avisar a enfermeira que a ambulância estava a caminho. Tudo que me disseram foi que tinha havido uma intercorrência em minha casa. Fui direto para lá, acionando no caminho o Diego e outras pessoas, porque meu coração dizia que algo mais sério tinha acontecido.

Quando entrei em casa, tinha um médico enorme na cozinha. Deva, a enfermeira, estava no pé da cama. Pelo olhar deles, entendi tudo. Gabriel tinha tido uma parada cardiorrespiratória. Chorei muito, mas agradeci também. Após cumprir lindamente sua missão, Gabriel tinha descansado. Hoje, olhando tudo com mais calma, sinto mais convicção disso: foi o alívio do sofrimento dele.

Ele partiu do jeito que quis e, naquela noite, eu sonhei com ele. Da cozinha, olhei para o seu rosto imóvel, já morto, e ele piscou e apontou para mim. A notícia da sua partida se espalhou e a casa ficou cheia de gente que veio se despedir. Quando levaram o corpo dele, uma borboleta pousou no colchão vazio. Na hora da cremação, foi feita a leitura de um texto de Santo Agostinho e uma pluma caiu sobre o caixão dele. Apertei-a na mão e a dei para o Diego, que a carrega na carteira.

Guardo hoje comigo a foto tirada cinco dias antes do seu descanso. Era meu aniversário. Ele pesava cerca de 70 quilos, mas parecia mais, pois não tinha força para segurar o próprio corpo e a cabeça. Ainda assim, eu arrastei sozinha a poltrona para o lado de fora, onde faríamos um churrasco, e tirei a foto dele sob o guarda-sol, enquanto a irmã brincava no quintal.

Tem mãe que se autodefine como especial; outras não aceitam esse título. Eu não me vejo dessa forma, mas sei que sou capaz de transmutar dor em amor e foi o Gabriel quem me transformou nessa pessoa. Lembro-me dos questionários do trabalho que perguntavam sobre missão e eu ficava boiando, sem noção alguma do que teria vindo cumprir na Terra. Sempre fui uma pessoa do bem, nunca fiz mal a ninguém, mas não tinha ideia de qual era o meu papel aqui.

Foi o Gabriel quem me colocou no caminho e me transformou. Foi ele quem me fez olhar para a caridade e para o amor ao próximo, algo que não fazia antes. Eu poderia ter ficado olhando para o meu umbigo e só cuidar do meu filho, mas não fui capaz de ignorar outras famílias que viviam uma realidade tão difícil quanto a minha. Durante a internação mais longa do Gabriel, eu escolhi deixar a porta do quarto aberta. Fazia cachecol e, aos poucos, passei a ensinar outras mães. Assim nasceu a Corrente do Bem, que já ajudou quem precisa desde itens básicos até equipamentos de alto custo. É por isso que, quase todo dia, estou lá nas redes sociais pedindo doações, criando uma ponte entre a família que tem e a família que precisa. O Gabriel me transformou enquanto pessoa e me tornou um canal para apoiar quem cai de paraquedas nesse universo que eu mesma desconhecia.

Daí nasceu também um outro trabalho, voltado para a conscientização sobre a Adrenoleucodistrofia. Atendo mães de qualquer lugar do Brasil, escuto sobre os sintomas do filho, ensino a não aceitar o primeiro não como resposta e a buscar seus direitos. Somente no Whatsapp são mais de cinquenta mães, com filhos vivos ou falecidos, trocando informação. Esse grupo é tudo que a família precisa, porque o médico dá o diagnóstico, vira as costas e vai cuidar do paciente ao lado. Nós, que já vivemos essa realidade, acolhemos e repetimos "você não está sozinha". Com essa iniciativa, meu olhar é fazer mais pelas mães, respeitando os limites dela.

Também estou vivendo aquele momento em que não tenho mais o Gabriel e preciso me reinventar. É a hora de voltar para uma sociedade da qual estive fora por muitos anos. É a hora de viver um casamento... diferente. Quantas vezes eu terminei com o Mauro e o mandei arranjar outra mulher que não tivesse uma rotina hospitalar? Ele nem era o pai do Gabriel. Não tivemos privacidade nem em casa, porque, com o *homecare*, sempre havia gente estranha entrando e saindo. Hoje eu olho para ele e penso:

"Não sei como o Mauro ainda está aqui, porque, durante todos esses anos, eu nunca me dediquei a ele". Antes eu vivia um dia de cada vez, sem muita ambição. Agora é a hora de fazer planos. É a hora de levar para frente tudo que aprendi com o Gabriel.

A força da serenidade

A entrevista com a Regina foi a única a acontecer na sede de uma entidade, o Instituto Vidas Raras, em Guarulhos. Eu não conhecia o local e achei que refletia bem o nosso relacionamento. Afinal, eu a conheci primeiro como ativista. A mulher e mãe revelou-se com o tempo, provocando tanto ou mais admiração do que a figura pública.

É impossível não se surpreender com a capacidade de reinvenção da menina do interior, que não romanceia a maternidade rara nem se apequena diante de seu destino. Ela cresceu em Itápolis, no interior de São Paulo, em uma família machista, que criou a filha para reproduzir os papéis tradicionais. As dores da infância e da adolescência não bloquearam sua vontade de perseguir uma vida melhor, por mais esforço que isso demandasse.

Com a fala mansa e controlada, Regina tornou-se uma das vozes mais fortes no mundo das doenças raras atualmente. Marca presença em vários eventos, nas mais diversas instâncias. Sem medo ou parcimônia, vai ao Congresso Nacional, participa de audiência pública, organiza evento aqui, promove outro ali, tudo em nome da causa que defende.

Galgou seu lugar ao sol com criatividade e persistência. Começou distribuindo panfletos para divulgar o conhecimento que adquiria até que um dia o pai de um paciente de Campinas lhe telefonou. Márcio havia acabado de fundar a Associação Paulista Familiares e Portadores de Mucopolissacaridoses e Doenças Raras (APMPS). Uniram forças e Regina, com seu fôlego imbatível, voou.

Márcio mantém-se na entidade, hoje Instituto Vidas Raras, mas é ela quem lidera o trabalho. Roda o Brasil e o mundo promovendo palestras. Criou um serviço telefônico, o Linha Rara, para tirar dúvidas em relação a doenças raras. Foi capaz de organizar uma caravana de raros para uma audiência com o Papa Francisco, que os abençoou. Tudo que está ao seu alcance ela faz — e até um pouco além.

Encontrou no marido, seu primeiro namorado, um grande companheiro. Mesmo assim, enfrentou a solidão de saber que a saúde do filho não era perfeita. Católica fervorosa, enfrenta as dificuldades em silêncio, sem derramar uma lágrima. Descobriu sua força ainda na infância e já foi muito criticada por ela. Talvez por isso Regina se considere diferente.

A verdade é que, por trás dessa fortaleza toda, há uma mãe que se emociona ao falar de Niltinho; que não esconde o orgulho gigante de Dudu, que estudou, se formou e passou em um concurso público em Itápolis; e que revela culpa por não ter sido tão presente quanto gostaria na infância de Léo, que vive hoje com ela em Guarulhos.

O destino atropelou o sonho daquela menina que queria ser médica, mesmo sem o apoio da família, mas a tornou um ser humano raro. No depoimento a seguir, você entenderá o porquê.

Regina Próspero, mãe do Niltinho, paciente de Mucopolissacaridose (MPS), falecido aos 6 anos em 7 de maio de 1995; do Dudu, também paciente de MPS, e do Leonardo

Se eu dissesse que tive uma infância feliz, estaria mentindo. Sou a terceira de seis filhos de um policial e uma costureira. Ela, que só estudou até o quarto ano do primário, casou-se muito cedo com o ex-seminarista dez anos mais velho que entrou para a Polícia Militar. A gente apanhava muito e era privado de muita coisa.

Na cabeça da minha mãe, a mulher tem que ser totalmente submissa. Por ela, eu não teria nem estudado. Como sou a filha mais velha, era minha obrigação limpar a casa toda, enquanto meus irmãos ficavam o dia inteiro de papo para o ar. Eles sujavam a casa e minha mãe gritava que eu não tinha limpado direito.

Minha adolescência também foi muito complicada, porque, enquanto todas as minhas amigas podiam sair, meus pais não deixavam. Namorar era vetado, tudo era muito controlado. Como nós morávamos em uma cidade pequena, não preciso dizer que, quando passava uma radiopatrulha, meu pai já sabia onde eu estava.

Quando tinha 16 anos, o Niltão tinha muita amizade com meu irmão, que é um ano e pouco mais velho do que eu. Foi aí que nós começamos a ter mais contato. Eu já o conhecia de muitos anos, mas ele não se lembrava de mim. Na época, ele namorava uma moça mais velha, mas a família dela não o aceitava.

Somente uns dois anos depois ele começou a dar sinais de que estava querendo namorar comigo. Eu não ligava muito para essas coisas, mas comecei a namorar com ele, que tinha acabado de se formar em Análise de Sistemas. Comecei numa sexta-feira e, dois dias depois, Niltão veio para São Paulo, arrumou emprego e ficou. Passamos três anos namorando por carta, porque ele ganhava muito pouco e mal conseguia ir até Itápolis para me visitar.

Eu sonhava em fazer Medicina. Aliás, fui criada para fazer Medicina, porque meu pai sempre falava: "Você vai ser médica". Só que chegou na hora H e ninguém bancou. Eu prestei vestibular em faculdade pública, não consegui passar de primeira e meu pai não me deixava sair da cidade para fazer cursinho. Continuei trabalhando em uma clínica de fisioterapia. Arrumei esse emprego aos 16 anos, naquela fase em que já queria comprar as minhas coisas, porque para mim pedir dinheiro para a minha mãe era muito humilhante. Trabalhava meio período para a irmã de uma amiga minha, que me pagava um quarto de salário mínimo. Acho que foi o dinheiro mais gratificante que recebi na minha vida. Não dava para muito, mas pelo menos eu não precisava pedir.

Quando terminei o colegial e não consegui entrar na faculdade, ela me contratou em período integral. Fui registrada e passei a ganhar um salário mínimo. A Marisa tinha uma confiança muito grande em mim e foi me ensinando alguns exercícios para poder ajudar a atender os pacientes. Sempre tive muito jeito com crianças e idosos.

Fui também procurar algum curso para fazer porque sempre gostei muito de estudar e não queria ficar assim. Meu pai deixou bem claro que não iria me ajudar. Para a minha mãe, eu já tinha passado dos limites, porque, por ela, nem teria terminado a quarta série. Entrei em um curso de instrumentação cirúrgica. Como era em Ribeirão Preto, eu precisava de dinheiro para pagar o ônibus e o curso. Niltão sempre me apoiou muito. Quando via que estava em dificuldade, mandava dinheiro pelo correio. Seis meses depois de me formar, nós nos casamos. Duros, lisos, esfolados. Minha mãe dizia que a gente já estava cozinhando o galo.

Comecei a procurar emprego, distribuí meu currículo, e consegui uma vaga no setor administrativo de um banco em São Paulo. Lembro-me até hoje: comecei a trabalhar no dia 1º de junho de 1987 e meu primeiro salário foi inteirinho para pagar a conta do casamento. Aos poucos, com dois salários em casa, a gente começou a ter nossas coisinhas, até que, entre março e abril de 1988, eu engravidei.

Meu marido tem olho azul, então eu queria ter um filho loiro de olho azul. A gente imaginava uma menina. O meu único medo era ter um filho com Síndrome de Down. Logo no início da gestação, eu comecei a ter cólicas e o médico me encostou. Meu ginecologista um dia falou para mim:

— Regina, a natureza é sábia. Se esse bebê não for bom, o organismo expele.

Eu fui levando e fiquei de repouso, como mandava o figurino. Dois meses depois, já tinha passado aquele mal-estar, fui fazer a perícia e o médico mandou ficar mais dois meses afastada. Eu comecei a chorar, porque queria trabalhar. Foram quatro meses em casa.

Nisso, nós começamos a questionar se valia a pena morar em São Paulo. Quase que o salário inteirinho do Niltão era para pagar aluguel. A gente já estava bem melhor, mas ainda era complicado. Nunca tivemos bens, mas tínhamos comprado um carrinho velho. Quando ele recebeu uma proposta para abrir uma consultoria de informática com o meu ginecologista e um outro médico lá em Itápolis, nós voltamos. O aluguel era bem mais barato e a qualidade de vida para uma criança, muito melhor. E ainda tinha a minha família por perto.

No começo de novembro de 1988, comecei a ter problemas na gravidez de novo. Fui encostada pelos médicos mais uma vez e, no dia 25 daquele mês, quando esperava o nascimento do meu sobrinho, comecei a sentir cólicas. O Silva, meu médico e amigo da família, fez uns exames e decidiu que era melhor me internar. Ainda faltavam mais de 40 dias para o nenê nascer. Eu comecei a chorar e ele concordou em só me monitorar. Três dias depois, porém, fui internada e um exame acusou que meu organismo estava absorvendo líquido amniótico. Mais cinco dias e o Silva achou melhor interromper a gravidez porque o bebê estava em sofrimento.

O Niltinho nasceu "bem" para 33 semanas, com 2,620 kg e "grandão". Eu tive pré-eclâmpsia e, assim que acabou o parto, fui para a sala de recuperação, com muita dor de cabeça. Quando a enfermeira mediu a minha pressão, eu vi que ela se assustou.

— Como está a minha pressão?

— Não sei, o médico já vem.

Eu lembro que, quando abri o olho de novo, o médico já estava ao meu lado. Eles me viraram e me tacaram injeção, sem me explicar o que estava acontecendo. A minha pressão foi a 20 por 14 e não caía, então eles só foram injetando, injetando, injetando medicamento. Quando fez efeito, a pressão baixou demais e fiquei praticamente uns três dias fora do ar.

Enquanto isso, meu irmão, que era enfermeiro, chamou o Niltão para alertar que estava acontecendo alguma coisa com o nosso nenê. Meu marido, que também era funcionário desse hospital, entrou no berçário e leu no prontuário do Niltinho que ele estava tendo crise de cianose e apneia. O pediatra não tinha avisado a gente. Ao contrário do Ricardo, meu irmão, o Niltão não entendia termo nenhum, mas, desconfiado, ligou para o meu ginecologista. Para o hospital, a culpa era da prematuridade. Não havia UTI e eles colocaram o menino na estufa, chamaram a família e disseram:

— Nós não temos condições de ficar com essa criança aqui, não podemos ficar vigiando para ver se ele tem uma parada. Então, vamos colocar uma cadeira aqui e vocês vão ficar olhando o esterno dele.

O Silva era docente da faculdade de Ribeirão Preto e conseguiu arrumar uma vaga no Hospital das Clínicas da Faculdade de Medicina da USP de lá, só que nem uma ambulância o hospital de Itápolis tinha. Eu sempre tive amigos muito bons e a filha do prefeito era uma delas, que logo me colocou para falar com a primeira-dama no telefone. Dona Laura me ouviu e, em 15 minutos, a ambulância estava na porta. O Niltão foi com ele, mas ninguém podia ficar com a criança. A gente ligava todos os dias para saber como meu filho estava. Nesse tempo todo, eu ainda estava dopada. A pressão demorou um mês para ficar em ordem. Lembro-me de não conseguir me virar na cama sozinha de tanto remédio que me deram, estava um colosso de gorda. Foi uma sensação muito ruim. Senti medo, não sabia o que estava acontecendo, nem o que fazer.

Fomos para Ribeirão e o médico falou que o Niltinho estava tranquilinho, sem nenhuma intercorrência ou apneia. Ele teve alta na segunda-feira, só que a saúde dele já não era normal. Meu filho chorava muito, a ponto de perder o fôlego, de gritar, de ficar roxo. Tinha noite que o Niltão ficava tão estressado que catava o travesseiro e ia para a sala para poder trabalhar no dia seguinte. Eu ainda estava de licença-maternidade, então tinha que bancar. Sentava na cama e esperava — já tinha dado remédio, já tinha trocado a fralda, já tinha amamentado, já tinha feito tudo. Hoje a gente acha que ele tinha dor.

O Niltinho mamava só no peito, mas chegou um dia que eu estava tão cansada que liguei para a minha mãe e falei:

— Mãe, você tem leite de vaca aí? Faz uma mamadeira?

Ele tinha chorado a noite inteira. Mamou quase 200 ml e dormiu por seis horas. Achei que meu leite estava ruim. Fui ao médico, que espremeu meu peito e disse que o bebê era vagabundo, que tinha que colocá-lo para mamar. Eu tentava, mas ele ficava pendurado por duas horas. Pegava no pezinho, fazia de tudo. Após dois meses e meio, o leite secou. Nessa época, o Niltinho passou a ter muita diarreia, que é um sintoma, mas o médico não dizia nada.

Acho que o Silva também desconfiava de alguma coisa. Eu percebia que, de vez em quando, ele chegava no nenê, ficava olhando, passava a mão na cabeça... Ele também desconfiava, mas não sabia no que se apegar. No fim, foi ele quem nos levou a Ribeirão para passar por uma equipe de endocrinologistas. O médico falou para mim que achava que ele tinha raquitismo, mas fazia exames e não dava nada. E a saga continuava.

A situação financeira foi indo de mal a pior — o que a gente tinha de dinheiro guardado da rescisão de contrato do Niltão foi para pagar remédio e médico, sem descobrir o que esse menino tinha. Na última vez em que passei nessa junta médica de endócrinos, um deles falou que meu filho tinha uma síndrome de não-sei-o-quê e que o organismo dele iria trabalhar bem com isso, absorver e ter uma vida normal.

Aos quatro meses, percebi que quando o colocava sentadinho para pentear seu cabelo, Niltinho se curvava. Eu falava para o Niltão que esse menino tinha alguma coisa e ele dizia que eu era louca. Naquela época não tinha internet, nada disso. Meu marido repetia para a minha mãe e para o Silva que eu ficava arrumando doença para o menino, mas eu tinha certeza de que ele tinha alguma coisa.

Quando começou a fase da papinha, ele cuspia e não aceitava nada além de leite. Mamava cada vez mais — algumas vezes só uma mamadeira não dava. Eu até brincava: "Daqui a pouco eu vou ter que colocar um bico na Coca-Cola e dar um litro de leite para ele". Sempre vomitava aquelas gosmas e hoje sei que isso também é da doença.

Eu levava nos médicos e cada vez eles diziam que era uma coisa. Na época do Carnaval, ele teve uma febre e ficou internado por dois dias. Até colheram sangue para ver se ele tinha sífilis e Aids.

Niltinho era cabeludo, como todos os meus filhos; ganhava peso, mas tinha uma barriguinha proeminente. Outra coisa também me chamou a atenção: tinha um corpo muito de "hominho". Algumas crianças com Mucopolissacaridose (MPS) são assim mesmo.

Por indicação do Silva, levei o Niltinho a outro especialista, a quem mostrei um caroço que descobri nas costas dele. Ele pediu um raio X e o resultado trouxe, em vermelho, a observação: "Favor investigar Mucopolissacaridose". O médico marcou, então, uma consulta com a equipe de genética do HC de Ribeirão.

Fui para lá de carona com o Silva. Foi consulta, coleta, consulta, o dia inteirinho. Na época, passava aquela novela da Maria de Fátima, personagem da Glória Pires, que era tão ruim que quis se livrar do bebê. Por causa disso, naquele dia no HC, nem ao banheiro eu fui. Como estava sozinha, não tinha com quem dividir e fiquei com medo de alguém tirá-lo de mim.

Passei o dia também escutando tudo, absorvendo o que os médicos estavam falando, inclusive a discussão de uma junta de especialistas. Um dizia:

— Nossa, ele é muito bonito, não pode ser, não pode ter Mucopolissacaridose.

O outro replicava:

— Mas olha a carinha dele, é sugestiva.

Um terceiro acrescentava:

— Não, não, ele é um menino muito esperto. Ele não tem, não.

Até que, depois de uns dez minutos, eu falei:

— Gente, espera aí, o que está acontecendo?

Um dos médicos virou para mim e falou assim:

— Mãe, a gente não vai te explicar, porque você não vai entender.

— Vou, porque não sou burra. É meu filho. Se me explicar, com certeza eu vou entender.

Foi então que me falaram sobre a MPS, que existiam vários tipos e que eles gostariam de colher material para identificá-la melhor. O diagnóstico mesmo só saiu depois de cinco anos.

Disseram ainda:

— Mãe, a gente vai pedir para você não engravidar mais até a gente ter as respostas dos exames. Se confirmar o diagnóstico, o seu bebê não vai viver mais do que cinco anos, vai ter retardo mental, vai ficar cego e surdo, não vai andar, nem falar. Não existe nenhuma criança que já tenha passado por aqui que não tenha tido uma vida de muito sofrimento.

Quando você escuta tudo aquilo e vê a criança brincando, você não acredita, não consegue fazer a junção das informações.

Quando contei para o meu irmão, ele ficou muito bravo comigo. O Niltão ficou só olhando, não caía a ficha, mas sei que, no dia seguinte, ele conversou com o Silva. Uma semana depois desse episódio, eu comecei a enjoar.

Como marinheira de primeira viagem, achei que não iria engravidar com bebê novo, mas já estava grávida do Dudu. O médico que me atendeu no hospital chamou o chefe da equipe que falou sem reservas:

— De quanto tempo você está?

— Uns dois meses.

— Urgente, então, fazer o exame desse bebê. Se ele tiver a mesma doença, a gente interrompe a gravidez antes dos três meses de vida.

Eu logo avisei que não ia tirar o nenê. Perguntei qual a chance dele vir com saúde e o médico disse que era de 75%. Decretei:

— Não precisa correr com o exame, porque eu não vou tirar.

O Silva chamou a gente na casa dele, explicou que provavelmente o menino teria a doença, que a qualidade de vida era muito ruim. Na hora, eu me lembro, nós começamos a chorar. Não tinha muito o que fazer, eu precisava cuidar do outro também.

No fim da gravidez do Dudu, eu quase pirei de medo. O Niltinho estava dando tanto trabalho, tomava Benzetacil[1] a cada vinte dias, era muito sofrimento. Eu ficava pensando: "Meu Deus, se este vier com a doença também, tudo de novo, eu não vou dar conta, não vou conseguir". Enfrentei muito preconceito também. As pessoas diziam: "Você já sabia que era assim, por que foi engravidar de novo?"

O Dudu nasceu bem, com três quilos. Os médicos viraram nosso bebê de ponta-cabeça, pois estavam desconfiados de que ele ti-

1. O Benzetacil, ou benzilpenicilina benzatina, é um antibiótico utilizado no tratamento de infecções causadas por microrganismos sensíveis à penicilina.

nha algum probleminha na coluna, mas veio com uma forma mais leve da doença. Na época, o Niltinho tinha um ano e três meses, um desenvolvimento físico normal, mas com atraso motor. Só mamava, não aceitava comida, tinha diarreia direto e vivia com o nariz escorrendo. Tinha sinusite e febre alta a cada vinte dias.

Tinha época em que eu ficava vários dias sem dormir, trabalhando igual uma escrava durante o dia inteiro porque era fralda de pano, roupinha deles, alimentação... Então eu estava sempre acabada, exausta. Pensava: "Se eu for ao médico, tomara que ele me interne, porque daí alguém vai ter que dividir comigo e vou poder descansar um pouco".

Eu tinha um trato com o Niltão que, quando o bebê nascesse, nós iríamos embora para São Paulo. Ele conseguiu um emprego em um dia em que o Dudu passou muito mal, com muita diarreia. O exame acusou uma anemia muito forte e ele precisou de sangue. Passou um tempo, precisou de novo. Eu fiquei tão apavorada...

O Niltinho tinha quase quatro anos e o Dudu, dois anos e meio, quando a gente conseguiu se mudar de vez e se estabilizar. Peguei uma carta de Ribeirão e me plantei na porta do ambulatório da Dra. Chong Ae Kim, chefe da Unidade de Genética do Instituto da Criança do Hospital das Clínicas, em São Paulo. Lembro até hoje que ela abriu a porta, entreguei a carta e falei:

— Eu tenho um filho com investigação de Mucopolissacaridose e preciso de ajuda.

Ela concordou em me atender desde que trouxesse os dois irmãos. Quando entrei na sala, ela fez assim:

— Mãe, os dois têm Mucopolissacaridose.

Eu retruquei que o pequeno não tinha, mas ela não teve dúvidas só de olhar para ele. Perguntou ainda:

— A empresa do seu marido sabe o que os meninos têm?

Eles não sabiam. Para o Niltão, o problema era dele e somente ele podia resolver. Trabalhava como um cavalo em uma empresa japonesa para pagar as contas. Saía de casa às 5h30 da manhã e voltava às 22h30 da noite. A Dra. Chong falou para ele:

— Eu sou oriental. Você vai ser mandado embora porque oriental não perdoa. Eu vou escrever um relatório e você vai entregá-lo para o seu chefe.

Ele não abriu a boca. No dia seguinte, foi trabalhar e voltou umas três horas depois. Quando vi esse homem cruzando o portão, pensei: "Meu Deus, ele foi mandado embora quando contou que os meninos tinham essa doença". Não era nada disso. O chefe ficou tão desesperado quando viu o relatório da médica que chamou o RH e um monte de gente para saber o que podiam fazer. Melhoraram o plano de saúde da empresa inteirinha por causa dos meninos e passaram a tratar meu marido de outra forma.

Quando o Niltinho fez quatro anos, eu o coloquei na escola. Eu sempre os tratei normalmente, dava bronca e exigia respeito. Eles tinham uma inteligência perfeita, então eram tratados como crianças normais. Dizia sempre: "Meus filhos não são coitados".

Tanto é que, se você vir o humor do Dudu, é o reflexo do nosso humor, de uma ironia latente. A gente tirava sarro deles, eles tiravam sarro da gente. Eu sempre disse que se tivesse pouco tempo de vida, que fosse uma vida bem vivida. Tinha que ir para a escola, tinha que viver.

O Dudu começou a manifestar a doença com cinco anos e seu estado declinou muito depois que o Niltinho faleceu, em 1995, após uma parada cardiorrespiratória. Eu sempre procurei deixá-los internados o mínimo possível, sempre cuidei deles em casa, mas daquela vez eu sabia que não iria dar conta. Tanto é que o Niltinho não aguentou nem no hospital, não deu nem tempo de entubar. Quando cheguei na minha casa, estava cheio de gente, a escola todinha estava lá.

Eu fui muito criticada porque não chorei quando o Niltinho morreu, mas eu não podia chorar. Eu fui criada para ser macho, para não chorar, para não demonstrar dor, aquela história de "engole seu choro". Sempre foi esse o meu jeito: não entregar os pontos. Como eu podia mostrar minha tristeza, se tinha um marido despedaçado e desacreditado da vida e outro filho que precisava muito da minha sanidade mental, seguindo o caminho triste da mesma doença? Eu tinha que ser forte, eu era a estrutura da casa. Eu não podia viver o meu luto.

O Léo, meu terceiro filho, não conheceu o Niltinho. Ele chegou quando o Dudu tinha oito anos e meio, e inspirava muitos cuidados. A gente tinha dado o nome para fazer a adoção de uma menina uns dois meses antes e então descobri a gravidez. Eu não era operada nem o Niltão. Os médicos não quiseram fazer a operação, porque achavam que o casamento não daria certo. Quando contei, ele deu um pulo da cadeira:

— Pelo amor de Deus, o que a gente vai fazer?

— Se for para ser nosso, vai ser. A gente não está adotando uma menina? Se for para ter a doença, vai vir também. Seja o que Deus quiser.

Claro que eu estava morrendo de medo, mas pensei exatamente assim. O Léo nasceu e veio bem de saúde. Não foi fácil para ninguém. Às vezes sinto muita culpa pelo Léo, já que tive que deixá-lo várias vezes com outras pessoas. Uma delas foi a Maria José, minha vizinha. Ela entrou em nossas vidas nos últimos 15 dias de vida do Niltinho e os laços de amizade se estreitaram muito quando o Léo nasceu. Ela e o marido nos ajudaram, principalmente, nos momentos em que eu precisava me ausentar para cuidar do Dudu, que teve duas intercorrências sérias — uma, aos nove anos, e outra, aos 22 anos.

O Niltão trabalhava praticamente 14 horas por dia para dar conta de todos os gastos e só podia me ajudar nesta tarefa quando estava em casa. Mesmo sabendo que o Léo foi bem cuidado, eu sinto culpa, pois não foi por mim, mas tive que aprender a abrir mão pela felicidade dele. Um dia, quando o Niltão chegou em casa e meu filho estava no shopping com a vizinha, ele ficou muito bravo.

— Até parece que o meu filho é filho dos outros.

Eu virei para o Niltão e falei:

— Você consegue dar para o Léo aquilo que eles estão dando? Você consegue levar o Léo ao cinema?

A gente deixou de frequentar muita roda social, em muitos lugares, por causa da situação. Quando o Léo nasceu, a minha casa parecia uma muvuca, porque o Dudu não estava bem. Então o que era normal para uma criança, como ir ao parque, era impossível para nós. Se pegasse um vento, o outro ficava ruim. Mas o moleque tinha que ter uma vida.

As médicas, desde 1993, começaram a me pedir para fundar uma associação. A Dra. Sofia Sugayama, da área de Genética do Instituto da Criança, percebeu que eu era uma mãe diferente e toda vez que eu ia ao hospital ela me mostrava um texto traduzido, do inglês para o português. Eu fazia várias cópias e, aonde ia, levava para apresentar a doença. Era assim no médico, no fisioterapeuta, na escola. Aí comecei a ajudar outras mães. Eu não tinha condição nem estrutura para formar uma associação, mas durante o 1º Encontro de Mucopolissacaridose, em Porto Alegre, conheci o Márcio, a Daniela e algumas famílias, que se juntaram e estão até hoje na associação, que hoje

Para ampliar o acesso à informação, a MPS tem um dia só seu: 15 de maio. Anualmente são promovidas diversas ações que contribuem, por exemplo, para reduzir o preconceito e melhorar a qualidade de vida do paciente. São vários os sintomas da MPS manifestados de acordo com a idade do paciente e a gravidade da doença. O mais importante é que o diagnóstico pode ser acelerado com um exame de sangue que identifica a falta ou diminuição das enzimas. Mais informações: http://www.mpsday.com.br/#diagnostico

se chama Instituto Vidas Raras (IVR). Nós começamos, então, a trabalhar como voluntários e hoje sou vice-presidente. Meus vizinhos, Maria José e José Antonio, que me ajudaram a criar o Léo, são diretores.

Hoje eu dedico a maior parte do meu tempo ao Instituto. O restante eu divido entre os cuidados da casa, marido e filhos, que ainda demandam tempo. O Léo ainda mora comigo e venho tentando resgatar nossa relação. Ainda há resquícios do passado, mas tem coisas que só o tempo e a maturidade podem ajudar a fazê-lo entender.

Eu acho que a doença enriquece a gente como pessoa. É o lado bom da coisa. A gente cresce e amadurece pelo sofrimento. Algumas vezes eu acho que não sou nem normal, porque algumas coisas para mim não são mais sofrimento. A verdade é que eu sempre me achei diferente — até pela infância que eu tive, que foi muito complicada, eu sempre me senti diferente. Mas não especial.

Eu não sei quanto tempo o Dudu tem, mas se ele morrer hoje, teve uma vida bem vivida, porque tudo que a gente poderia proporcionar a ele eu sei que foi feito. Quando foi prestar vestibular, por exemplo, a faculdade exigiu que alguém o acompanhasse. Então, eu prestei vestibular junto e fui cursar Direito com ele. Eu me vi totalmente dispensável quinze dias depois do começo do curso, porque ele é tão carismático e cativante que logo todos ao redor vinham ao seu auxílio. Mesmo assim, como não sou de não terminar algo que comecei, fui até o final e nos formamos em 2012.

Ele prestou concurso em Itápolis e passou, mas o que recebe hoje não é proporcional à alegria dele de trabalhar. É óbvio que seria mais fácil se ele ganhasse o suficiente para ter uma casa toda comandável. Ainda vai depender de algumas pessoas por um bom tempo de vida, mas hoje eu acho que haverá muita gente para apoiá-lo porque o Dudu é tão carismático, é tão evoluído, que vai sempre ter alguém que vai ajudar e bancar. Ele é uma pessoa que pede tão pouco que eu já não tenho mais esse medo de morrer antes dele.

É por isso que eu não me importo mais com o tempo. É óbvio que eu vou baquear, mas eu só quero que ele seja feliz, é isso que sempre pedi. Há muito tempo eu decidi que eu não queria mais saber quanto tempo, mas que ele tenha saúde e que não sofra. Não sou do tipo de curtir tristeza. É claro que, em muitos momentos, vem uma saudade e sensação de "falta", mas sei que cada um tem sua vida e o que eu fiz foi dar a eles meios de seguirem seu caminho sem precisar muito dos outros. Eu sempre aceitei aquilo que me veio e sempre trabalhei para que aquele sofrimento fosse menor, então sempre tive comigo a certeza de que o que eu pude fazer, eu fiz. Não tenho remorso. Estou em paz.

A leoa cearense

Certa vez, durante um safári em Botsuana, o guia parou o carro perto de uma leoa que descansava na sombra de uma árvore. Nós, turistas, ficamos admirados com aquela cena, aparentemente tão serena. Quem nos trouxe de volta à realidade foi o guia ao dizer:

— É melhor irmos embora, não está seguro aqui. Essa leoa tem filhotes pequenos e uma leoa com filhotes é o animal mais forte que existe.

Assim é Fátima, mãe da Mimi e do Lucas, paciente de Atrofia Muscular Espinhal (AME), e a avó da doce Valentina. Ela é a perfeita mãe leoa, que vira bicho quando mexem com seus filhos. Acreditem: eu já a vi em ação.

Fui até Fortaleza para entrevistá-la para este livro e a acompanhei em um passeio ao Beach Park, como parte do mês de conscientização da AME. O evento foi uma verdadeira aventura, já que ela conseguiu levar 90 pessoas, entre pacientes, familiares e cuidadores, ao parque aquático. Participaram, pelo menos, vinte cadeirantes — alguns com ventilação mecânica, como o Lucas.

Sair de casa com um filho com AME é uma aventura que eu também desconhecia. Demanda uma logística muito grande, já que os pacientes, em geral, usam ventilação mecânica, alimentação parenteral, fraldas etc. O Lucas é cuidado em *homecare*, mas a Fátima faz questão de que ele passeie. É a leoa em ação garantindo os direitos do filho — inclusive o de curtir a vida como qualquer ser humano.

Juntos, eles vão à praia, aos barzinhos da orla de Fortaleza e onde mais puderem. No Beach Park, Lucas foi colocado na cadeira anfíbia para curtir a água. De repente, por um momento, a cânula da ventilação mecânica desencaixou do aparelho e o deixou sem respiração. A leoa veio à tona, gritando pelo ambu, que a cuidadora não conseguia soltar da cadeira de rodas. Outra mãe a socorreu e a respiração foi rapidamente restabelecida. Em situações como essa, quando a vida do filho corre risco, Fátima passa por cima de tudo e todos. Só pensa em proteger sua cria.

Filha única, ela casou grávida de Mimi aos 17 anos. Descobriu cedo que a vida em casal com a qual ela tanto sonhava não passava de uma ilusão. O marido, da mesma idade, típico machista do Nordeste, era ciumento e farrista. Deixou muitas marcas nela — nem todas evidentes. Mas Fátima se reergueu, encontrou um novo amor e resgatou o sonho de uma família grande. Tinha pressa para que tudo acontecesse, viveu um tormento e recebeu a notícia tão esperada da forma mais repentina e imprevisível possível.

Fátima sente, do fundo da sua alma, que Lucas foi enviado a ela por alguém lá de cima para acalmar seu coração. Tem certeza de que esse encontro estava predestinado. Logo nos primeiros meses, o bebê deixado na porta da sua casa, como nos contos de fadas, mostrou-se diferente. Seu desenvolvimento não era igual ao das outras crianças e isso despertou a leoa.

O luto pelo Lucas perfeito durou quase dois anos e a nova vida trouxe muitas mudanças a todos. Com a aceitação, Fátima não desmerece as dificuldades do começo, do diagnóstico, da falta de informação e do prognóstico, mas consegue apontar o que a AME trouxe de bom para sua vida. Ela começou a enxergar a si mesma, descobriu até onde consegue ir e, principalmente, o potencial de sua própria força.

A jovem Fátima, que desejava liberdade, está viva dentro dela. Faz parte da mulher que se desdobra pelo Lucas e pelos outros pacientes de AME, mas que também sai de casa sem culpa e que gosta de sentir o sol na sua pele. Foi com essa mulher que caminhei do pau de arara às dunas de Jericoacoara, que curti a Lagoa do Paraíso e assisti o maravilhoso pôr do sol do Ceará. Com seriedade e leveza, cumprimos nossa missão de trazer sua história para as páginas desse livro. Este é o depoimento que ela me deu.

Fátima Braga é mãe da Mimi, mãe adotiva do Lucas, paciente de Atrofia Muscular Espinhal (AME), e avó da Valentina

Minha mãe sempre foi muito católica e me colocou em um colégio de freiras ainda no maternal. Eu nunca me identifiquei com algumas coisas, com aquela postura de ser sempre muito certinha, de fazer as coisas dentro daqueles dogmas. Sempre fui muito pra frente, a ponto de nunca passar despercebida. Jamais passei uma tarde inteira estudando, pois o que aprendia na aula era suficiente para tirar boas notas na prova. Era muito agitada, gostava de desafios, envolvia-me em vários projetos e fui, inclusive, da seleção de handebol da escola. A então diretora do colégio, chamada Francinete, é viva e se lembra até hoje de como eu era danada. Vivia pulando o muro da escola para não assistir aula. Tinha minha própria turma e não me misturava muito com as *CDFs*.

Essa criação repercutiu na minha adolescência: por conta da vida cheia de regras, eu sempre quis ser livre. Era imatura e achava que ganharia a minha liberdade com um casamento. Aos 17 anos casei grávida minha primeira filha e, seis meses depois, descobri que o casamento que imaginava para minha vida não aconteceu.

Em vez de liberdade, estava em prisão domiciliar. Minha vida estacionou: eu não podia estudar nem fazer mais nada; só ser mãe e cuidar da casa. Meu marido era muito ciumento e, enquanto cuidava da Mimi, ele caía na farra. Cheguei a apanhar dele várias vezes. Quando minha filha tinha três anos, sofri uma agressão que me deixou desacordada. Minha mãe me socorreu, após o jardineiro ligar para ela, e me levou direto para o hospital. Foi um episódio muito marcante na minha vida, que deixou feridas na minha alma.

O processo de separação foi longo e muito difícil — não por amor, mas porque ele não aceitava. Essas questões machistas estão infelizmente muito presentes no Nordeste — os homens casam e acham que mandam na mulher. Se ela tenta se libertar de alguma forma, sofre vários tipos de ameaça. Embora exista nas outras regiões, o índice de feminicídio é muito maior no Nordeste. É cultural, infelizmente.

Tinha 22 anos quando consegui me separar. Fui trabalhar cheia de vontade de fazer a diferença, com muitas ideias, projetos e planos. Abri uma loja de roupas e dei início a um período muito bacana da minha vida, no qual me descobri capaz. No começo, quem me deu uma força financeiramente foi o pai do meu ex-marido, mas logo que comecei a trabalhar, eu cortei tudo, não queria nada que viesse dele.

Hoje vejo que a história do primeiro amor, do primeiro homem, não é bem assim. Em qualquer idade, você pode descobrir alguém que te faça bem. Hoje eu sei, principalmente, que não preciso de alguém para me sentir uma mulher feliz e realizada. Quero alguém que venha complementar, sem jamais colocar a minha felicidade como responsabilidade do outro. Ela deve vir de mim.

Quando a Mimi tinha seis ou sete anos, conheci uma pessoa muito bacana, muito distinta, vinte anos mais velha do que eu. O Manuel é uma pessoa com quem me dou bem até hoje. Eu nunca deixei a minha filha chamá-lo de pai, mas foi ele quem, na verdade, a criou. O pai dela era ausente e, após um fim de semana traumático, consegui judicialmente que o contato só ocorresse na presença de alguém. Ele não aceitou e largou mão.

Como sou filha única, sempre quis ter, no mínimo, três filhos. O Manuel vinha de outro casamento, mas também queria muito um filho comigo. Fiz inseminação artificial duas vezes e, na segunda tentativa, eu só consegui levar a gravidez até o quinto mês. Repeti o procedimento, mas uma hiperestimulação ovariana me obrigou a fazer uma histerectomia de urgência. Eu ainda era muito jovem, tinha entre 29 e 30 anos, e quase vi aquele sonho de ser mãe acabar ali.

Como queria um filho, sem me importar se biológico ou adotivo, entrei na fila de adoção. Esperei por dois anos e nada. Sentia-me muito impotente. Ainda assim, cursei Administração, mas nunca exerci, pois fui trabalhar na distribuidora de alimentos do meu marido.

Quando Mimi estava com quase 16 anos, eis que Lucas chega. Imaginávamos que, a pedido do juizado da infância, nós iríamos até um abrigo para conhecer algumas crianças. Isso me amedrontava — é muito surreal essa história de você escolher a dedo que filho você quer. Deus foi tão bom, tão maravilhoso, que me poupou disso.

O Lucas foi um filho que, literalmente, foi colocado na nossa vida. Chegou com 24 horas de vida, sem conhecer a mãe nem ter contato algum. Ele simplesmente foi deixado na porta da minha casa, pois sabiam que eu estava querendo. Logo que veio para os meus braços, foi aquele amor instantâneo.

Nossa primeira providência foi marcar consulta com o pediatra e comunicar ao juizado da infância, que logo mandou um assistente social e me deu a guarda provisória. Foi o suficiente para que pudesse fazer o plano de saúde dele. Algo me preparava para o que, em pouco tempo, iria acontecer.

Com a diferença de idade da Mimi, eu tinha esquecido muita coisa sobre como era ter um bebê em casa. Tinha sido também mãe muito nova e a verdade é que não tinha muita experiência. Minha mãe me socorreu, mas Lucas era aparentemente normal — tomava mamadeira e dormia sem problemas. Até que, com um mês e pouco, minha mãe disse:

— Filha, eu acho esse menino tão molinho. O pescocinho é muito molinho.

Eu não tinha percebido nada, mas levei para a pediatra, que avaliou ser somente um atraso de desenvolvimento. Eu fiquei mais alerta e me chamou a atenção como ele era bonzinho — chorava muito baixinho, quando chorava. No terceiro mês, comecei a compará-lo com fotos de outras crianças e notei que o Lucas tinha os braços moles jogados para a frente. A pediatra teimava que, de oito meses a até um ano, ele estaria, com ajuda de fisioterapia, com o tônus recuperado.

Só que ele deixou de deglutir, de mamar. Ela, em viagem, disse que ele devia ter enjoado do leite que tomava. Comprei sete latas diferentes de leite e nada. Era carnaval e, no fim do feriado, ele só engolia um mingau mais grosso que minha mãe dava no dedo para ele. Perdeu muito peso, mal conseguia beber água e tinha um ronco no peito. Chamei o serviço de UTI Móvel e os paramédicos o aspiraram e foram embora. A pediatra recomendou alimentá-lo com papinha de fruta e mingauzinho na colher, mas ele broncoaspirou. Corri para a emergência do hospital e só saímos de lá cinco meses depois.

Foi um choque muito grande. O filho que tanto desejava veio com uma doença que até então a gente desconhecia. Nunca tinha escutado falar de qualquer enfermidade que não tivesse cura. Até então, esse tema, pessoas com deficiência, voluntariado e várias outras coisas que permeiam esse mundo de doenças raras, não faziam parte da minha vida.

Muitas pessoas me perguntaram se, em algum momento, eu imaginei rejeitá-lo, já que ele não era o filho perfeito que eu tinha imaginado. Não tinha espaço para isso na minha cabeça — nem na minha nem na do pai dele. Manuel era alucinado por ele. Eu vejo casais com filhos com AME que se unem pelo filho. Eles não têm mais momento para sexo, para se curtirem, para viajar, para um simples jantar. Eu sentia, muitas vezes, falta do meu marido me olhar como mulher. Eu via que ele morria de orgulho de mim, pela mãe que eu era para o Lucas. E a verdade é que você não tem tempo de discutir relação, de entrar naquela neura de brigar por isso e aquilo, porque há tantas coisas mais importantes que a relação fica em segundo e terceiro plano. Quando você menos espera, ela ruiu e acabou. Foi isso que aconteceu com a gente: nós não cuidamos da nossa relação. Nós cuidávamos do Lucas e nos separamos quando meu filho tinha sete ou oito anos.

Ainda no hospital, um médico disse que ele tinha distrofia muscular e, para mim, se o especialista dizia que era isso, era isso. Quem era eu para duvidar do médico? Entrei no Google em uma *lan house* e apareceu uma associação chamada ABDIn, que nem existe mais hoje. Liguei, falei sobre os sintomas e a telefonista só disse:

— Acho pouco provável. Ele deve ter Werdnig-Hoffmann.

Disse, ainda, que outra funcionária da ABDIn tinha uma filha que acabara de morrer com essa doença.

— Quando retornar da licença, vou pedir para ela entrar em contato com você.

Como estava muito mexida, essa funcionária, que é minha amiga até hoje, orientou outra pessoa, que sugeriu, pela primeira vez, uma Atrofia Espinhal Progressiva (AEP) e me recomendou fazer um exame genético na Rede Sarah Kubitschek.

Eu estava tão decidida a lutar por aquele filho que havia sido confiado a mim por uma força suprema que o deixei respirando por aparelhos na UTI e fui bater na porta do outro hospital. Se precisasse, estava disposta a gritar e a implorar, mas fui muito bem acolhida. O sangue do Lucas foi logo colhido e enviado para Brasília para fechar o diagnóstico.

Após 35 dias, a surpresa: o resultado do exame genético foi inconclusivo. A neurologista *bam-bam-bam* do hospital dizia que ele não tinha uma atrofia. Deu um nó na minha cabeça, fiquei sem saber o que fazer. Hoje sei que um especialista poderia ter identificado a doença pelo exame clínico, já que Lucas apresentava sintomas da AME tipo 1, como fasciculação de língua, o corpo molinho e o olhar muito expressivo. Mas isso tudo passou despercebido.

Como se não bastasse, a pediatra da UTI veio me dizer que deveria levar o Lucas para casa, porque não tinha mais o que fazer. Autorizei uma traqueostomia sem nem imaginar que existia uma ventilação não invasiva, com colocação de máscara no rostinho. Lucas estava muito magrinho. Os médicos não davam dois anos de vida para ele e aquilo doía na minha alma.

Foi só neste momento que aprendi também o que era *homecare*. Inicialmente o pedido foi negado, porque os médicos achavam que meu filho morreria nos próximos dias e não queriam essa responsabilidade para eles. Briguei, gritei, implorei e nada. O coordenador do *homecare* disse que nada daquilo o sensibilizaria. O Lucas foi para casa com liminar judicial e laudos técnicos atestando que, embora o óbito fosse certo, ele tinha condições de ser removido. Nós contratamos uma técnica de enfermagem, começamos uma dieta especial e montamos uma estrutura caríssima para recebê-lo.

Embora não tenha cura, algumas complicações decorrentes da AME poderiam ter sido evitadas com o diagnóstico precoce. Lucas sofreu muito até os dois anos pelo desconhecimento total. Na época, o que a gente mais queria era saber o nome da doença que ele tinha, porque já tínhamos sofrido horrores. Nós precisávamos do diagnóstico para fechar um plano de cuidado para ele. Cada dia que o meu filho amanhecia vivo, eu não sabia se comemorava ou se ficava triste, porque também era um dia a menos com ele. Tinha certeza de que ele morreria logo. Entre complicações e internações, é claro que eu abri mão um pouco da minha filha. Mimi fugiu de casa, se revoltou, fez tatuagem, colocou piercing; fazia de tudo para chamar minha atenção. Eu não soube lidar com isso, porque ver um filho dentro de uma UTI, com aqueles equipamentos todos, é muito difícil. Passado o tempo, minha filha voltou a si e viu que era bobagem. O amor deles dois é a coisa mais linda de se ver.

O diagnóstico saiu um ano antes, quando já estava em casa. Um médico pediu para fazer uma biópsia muscular e uma eletroneuromiografia, que acusou a compatibilidade com a AME. Na época, não havia o exame molecular apropriado para se fechar o diagnóstico de uma doença genética rara.

Apesar de ter uma sigla que expressa amor, a AME é uma doença autossômica recessiva, na qual o pai e a mãe têm que ter o gene da doença. Há casos de mães que cuidam de dois filhos com AME; nos Estados Unidos, uma família tem três. Essa doença genética é a segunda maior causa de óbito em crianças de até dois anos de idade, perdendo somente para a Fibrose Cística.

Antigamente havia quatro tipos, mas uma parte dos profissionais e pesquisadores já consideram que há um quinto, a AME Zero, quando a criança no ventre da mãe já está sofrendo para respirar e, por isso, não sobrevive. A Tipo 1, também conhecida como Síndrome de Werdnig-Hoffman, é a mais grave. A criança já nasce com uma deficiência muscular muito forte a ponto de não conseguir respirar. O paciente da AME Tipo 2 chega a sentar, mas não anda; consegue respirar, mas entre seis e oito anos precisa de um auxilio ventilatório para dormir e ter uma qualidade de vida um pouco melhor. A AME Tipo 3, conhecida como doença de Kugelberg-Welander, aparece já na fase adulta, enquanto a AME Tipo 4 praticamente não tem sequelas. Mesmo com uma musculatura fatigada, a pessoa consegue ter uma vida normal.

Para qualquer família o diagnóstico é muito difícil. Existe um único medicamento no mundo, o Spinraza, comercializado nos Estados Unidos desde 2016 e no Brasil desde 2017, mas não é a cura. De acordo com as pesquisas, quanto mais cedo a medicação for iniciada, mais se inibe a progressão da doença. Na prática, o que vemos são pacientes da AME Tipo 1 que tomam medicamento desde bebês e hoje estão andando. A maioria dos doentes de AME no Brasil, no entanto, sequer foi diagnosticada. A prevalência é de um doente a cada 10 mil nascimentos. Somente em Fortaleza, são 139 identificados até o momento.

Manuel sempre foi muito prático e presente. Nunca disse não, comprava tudo que pudesse para ajudar o filho. Passamos uns três anos com um gasto imenso. Logo após o diagnóstico, eu parei de trabalhar e ficava somente em casa. Foi um baque grande: nós nos desfizemos de um imóvel, vendemos carro, porque era muito dinheiro que ia. Hoje eu sei o que é bacana, o que é necessário, o custo-benefício de algo para a vida do Lucas. Naquela época, como eu não conhecia a AME, qualquer coisa que recomendassem eu já comprava e, muitas vezes, era só para deixar em um canto do quarto porque nem usado era.

Fui também atrás do plano de saúde para que meu filho tivesse seus direitos reconhecidos. Até então, o aparelho de respiração era doado pelo Estado. Lucas foi o primeiro do Ceará a ter um respirador artificial em casa, dado pela Secretaria de Saúde Estadual. Foi também o estopim do programa de *homecare* pelo Sistema Único de Saúde (SUS) e a primeira criança a sobreviver com AME no maior hospital público infantil do Ceará. Ele abriu portas para uma história linda que viria depois de tudo isso.

A verdade é que eu nunca me revoltei com Deus ou com a doença; só com o médico que não respeitava o meu filho, com as pessoas que tinham a pretensão de desrespeitar a nossa dor ao dizer que aquele era um investimento inviável para o SUS.

Quando o Lucas fez dois anos, eu cheguei à conclusão de que algo não batia, já que ele continuava vivo. Decidi, então, abandonar essa história de prognóstico e reinventar nossa história de vida. Passei a focar no meu filho como um ser humano. É a primeira coisa que falo para as famílias, porque os médicos dizem sempre a mesma coisa: para não criar expectativas. Como é que você não vai criar expectativas com um filho? Como é que você não vai ter sonhos? Como é que você não vai ter esperanças?

O Lucas estudou, tem uma vida social intensa, lê muito, e consegue verbalizar o que quer. Quem não convive não entende muita coisa, mas ele é tão inteligente que procura uma forma de se fazer entender. Eu nunca exigi além do que meu filho pode dar. Por exemplo, pela manhã geralmente ele toma banho e, à noite, faz uma higiene geral. Se prefere dormir mais em um dia, as meninas que cuidam dele ficam loucas, porque querem fechar aquele horário todo dia do mesmo jeito. Partindo do princípio de que há dias em que nós não queremos levantar por preguiça e sono, por que com ele seria diferente? Mais uma vez eu digo: não olhe a doença, olhe-o como pessoa.

Se ele pode assistir filme dublado, por que vai quebrar a cabeça com legendado? Eu não sou aquela mãe marionete que decide tudo pelo filho. Eu vou ao armário pegar a roupa porque ele não consegue sair da cama para pegar, mas deixo que ele escolha o que quer vestir. Às vezes, ele escolhe uma roupa branca com vermelha, com uma *crocs* azul. Eu acho que não combina, mas é o que ele quer. Lucas é muito imediatista, ama ar livre, céu, mar e sol. Acho que puxou demais a mãe dele, que é louca por sol e pela vida.

Pesquisando na internet, eu encontrei, por meio de uma associação americana, algumas mães no Brasil. Uma delas é a Rafaela, de Fortaleza, e a Adriane Loper, de Curitiba. Sempre digo que são as amigas que a AME me deu. Foi a partir daí que comecei também a trabalhar com os profissionais de saúde e com todas as pessoas do entorno do Lucas. Fiz apostilas, a partir de artigos científicos que juntei, e saí distribuindo. A primeira pediatra que atendeu o Lucas em casa, pelo *homecare*, confessou não saber nada sobre a doença nem nunca ter visto uma criança daquele jeito.

Percebi ali, como mãe e como mulher, que sempre optei pelo enfrentamento, nunca fui de baixar a cabeça e não me achar capaz. Foi essa bandeira que ergui para a vida, que me fez conhecer melhor essa doença rara e oferecer sempre o melhor para o meu filho. Tem muita coisa que a gente pode fazer e não está necessariamente ligado a dinheiro, mas a atitude, amor, respeito.

O Lucas é tão feliz, é tão louco pela vida dele, que eu não permito que ninguém, mesmo da minha família, venha trazer negatividade. Mas existe muito preconceito. Certa vez, em um shopping, uma mãe disse para os dois filhos, de prováveis quatro e seis anos:

— Olha o bichinho!

Eu cheguei para essa mãe e disse:

— Quando você vir uma pessoa, seja o Lucas em uma cadeira de rodas, seja uma pessoa com uma muleta ou com qualquer coisa, trate-a pelo nome. Se você não a conhece, fique na sua.

Comecei a fazer folders e a andar com eles na bolsa para explicar o que era a AME. Eu mudei: em vez de me revoltar, passei a educar e a fazer o meu papel. Tanto é que hoje o Lucas é conhecidíssimo, não só em Fortaleza, mas no Brasil todo. Ele é referência no que é viver bem com um diagnóstico difícil. A forma de lutar contra um preconceito é, ao invés de ser grossa e mal-educada, incentivar as pessoas a conhecer o diagnóstico do meu filho. Hoje existe a Daniele, paciente de 27 anos que mora em São Paulo, e uma americana com AME que já tem 35 anos. A doença em si não mata; o que mata é o desconhecimento e as intercorrências que são consequências da falta de informação.

A Adriane fundou, no Paraná, a Associação Brasileira de Miotrofia Espinhal (ABRAME). Quando o Fernando, filho dela, faleceu, ela não tinha mais força para seguir e colocar a ABRAME para funcionar. Desde 2006, então, a entidade funciona no Nordeste. Na época, eu já fazia trabalhos para o Movitae, que lutava pela lei de biossegurança. Trabalhei com a deputada Mara Gabrilli e a especialista em genoma da USP, Dra. Mayana Zatz, para a aprovação, que passou por uma margem pequena.

A verdade é que todo mundo vai morrer, só que, quando a coitada da mãe não tem esclarecimento de nada e o médico dá um prognóstico desses, é aquele famoso luto em vida. E é isso que a gente tenta mudar. Quando o Lucas começou a estudar, com dois anos, as outras mães queriam o mesmo e eu, junto com uma amiga pedagoga, montamos um projeto e levamos para a Secretaria da Educação, para que as crianças tivessem acesso à alfabetização. O projeto foi aprovado e já conta com onze anos. Nós temos professoras, cedidas pela Seduc, com grande experiência em inclusão. Elas alfabetizam as crianças, tanto em domicílio quanto no hospital. São 32 alunos, a partir dos três anos, beneficiados.

Também temos o Lazer para Todos, que dá condições para as crianças saírem de suas casas, ou do hospital, para fazer passeios, ir ao shopping ou ver o mar; o Luz Solidária, em parceria com a Enel, que permite o uso da energia solar na UTI domiciliar para diminuir o impacto financeiro da energia; e, ainda, o projeto em parceria com o Beach Park para doação mensal de fraldas e leite para famílias com problema social grave. Outra coisa muito importante da Abrame é que a gente não trabalha diretamente com dinheiro em si, mas com apoio de empresas superbacanas que cobrem o custo que a Abrame tiver. A associação das famílias é sem custo algum.

A Abrame, de Adriana e Fátima, é a associação mais antiga, mas há outras entidades espalhadas no país defendendo a mesma causa. É o caso da Associação de Amigos e Portadores de Doenças Neuromusculares (Donem), a Associação dos Amigos da Ame (Aame), a AME VIVER, a Unidos pela Cura da AME, o Iname e a Associação Catarinense de Luta contra a Atrofia Muscular Espinhal (Aclame).

Aprendizados

Sendo muito verdadeira, foi difícil em um primeiro momento, mas sinceramente não é só coisa ruim. A AME me trouxe muita coisa boa também, como um conhecimento que nenhuma universidade teria me dado. Eu comecei a conhecer realmente quem eu sou e quanto poderia aguentar. Eu era muito consumista, comprava seis pares de sapatos e quatro bolsas, enchia meu armário de roupas. Hoje eu sou uma pessoa mais coerente e mais sensível. Todos os dias quando falo com o meu filho é um novo dia, porque com a AME eu aprendi que todos os dias nós somos capazes de reinventar nossa vida. Todo dia é uma vitória.

É claro que eu tenho medo de morrer antes do Lucas. Eu sou muito aventureira, gosto de pedalar, gosto de fazer trilha e, no fim, depois de tantos quilômetros, penso que um carro podia ter me atropelado. Tenho medo porque nós temos na Abrame a experiência de um menino com AME Tipo 2 que perdeu a mãe com câncer. Eu me envolvi muito com a situação, a ponto de levá-lo ao velório em Tacuru, no interior do Ceará, na cadeira e no carro do Lucas, para que pudesse se despedir da mãe. Foi muito triste, aquilo me fez um mal tremendo — tanto que fiz tratamento por um ano e tomei remédio para dormir. Acredito que isso ronda qualquer mãe que tem um filho com deficiência, não importa qual seja o diagnóstico. Nos Estados Unidos e em países da Europa já existem abrigos ou clínicas que recebem pessoas órfãs com doenças graves. Em São Paulo, temos o exemplo da Eliana e do Paulo, no Hospital das Clínicas[1], mas o Brasil não é preparado culturalmente para isso. As pessoas não lidam com naturalidade, são muitos tabus, falta de esclarecimento e tudo o mais.

Então, não deixo de viver a minha vida por isso. É claro que não sou uma pessoa alienada, mas ocupo minha cabeça com alguma coisa do Lucas que me mostre vida e não morte. Eu consigo viajar e sair de casa sem peso de consciência, não para fazer coisa errada, mas para curtir, para viver, para ver o sol, para tomar banho de mar, para conversar e estar com pessoas. Isso é muito saudável, faz parte da vida.

Desde o momento em que o Lucas chegou na minha vida, com ou sem a AME, eu tive uma aceitação de alma com ele. O olhar dele para mim é tão meu e tão dele, que não tenho palavras para descrever aquele momento. Ele já estava predestinado a vir para minha vida. É esse o sentimento que tenho. Não vejo a minha vida sem os dois filhos que Deus me deu.

Eu sou uma pessoa especialíssima, não porque tenho um filho com uma deficiência, mas porque sou uma pessoa do bem, que gosta de ajudar, que tem bom astral e é incapaz de fazer mal a alguém. Eu acho que vivo hoje muito melhor. Eu sou livre, sou dona da minha vida, sou dona da minha história. E isso não tem preço.

1. A artista plástica Eliana Zagui e o roteirista Paulo Henrique Machado vivem desde a década de 1970 no Hospital das Clínicas em São Paulo. Ambos foram vítimas do último surto de paralisia infantil no Estado e foram abandonados por suas famílias, vivendo sob os cuidados dos funcionários do Instituto de Ortopedia e Traumatologia do HC desde então.

Amor com lucidez

Rosana foi uma das pioneiras a lutar no Brasil pelos direitos das pessoas com doenças raras. Juntamente com Adriana Dias Higa, do Instituto Baresi, e Maurício Coppini, da Associação Brasileira de Esclerose Lateral Amiotrófica (Abrela), ela escreveu, em 2010, a Carta de Intenções que deu origem ao Grupo de Trabalho no Ministério da Saúde que elaborou a Política Pública de Atenção às Pessoas com Doenças Raras no Sistema Único de Saúde (SUS). Foi assim que eu a conheci, na militância, durante uma reunião em Brasília, nos trabalhos finais da Portaria 199.

O que me chamou a atenção naquele dia foi algo que aquela mãe rara, pequena e delicada, disse em uma conversa no banheiro feminino. Ela afirmou que, se soubesse da doença do filho, teria abortado. Esse tema normalmente já é um tabu; imagine, então, para uma mãe rara. Até então, eu nunca tinha visto alguém admitir que teria abortado se soubesse de tudo que enfrentaria, mas a Rosana tem essa coragem por não desejar para o filho que tanto ama uma vida tão restrita quanto a que tem. Para mim, essa é uma, se não a maior, prova de amor.

É claro que, quando fiz o convite para integrar este livro, eu não sabia se ela iria sustentar essa fala. Essa era uma das perguntas que carregava na mala para Mato Grosso do Sul. Estava tão disposta e cheia de coragem que, chegando lá, aluguei um carro em Campo Grande e fui até Miranda, no Pantanal Matogrossense. Dormi em um hotel banhado por um lago cheio de jacarés. No dia seguinte, fui para Aquidauana, onde fiz uma trilha na Chácara dos Quatro Mirantes, sem me dar conta do perigo de dirigir sozinha pelo Pantanal. Ao retornar, encontrei Rosana em Campo Grande. Jantamos juntas em um dos poucos momentos de folga dela e, no dia seguinte, partimos para a entrevista, abençoada pelo pôr do sol do Parque das Nações Indígenas.

Rosana foi além de qualquer expectativa. Ela é verdadeira e diferente, pois admite abertamente as perdas de uma mãe rara. Nunca em tom de reclamação, mas como demonstração de consciência dos possíveis caminhos da vida. Ela podia, por exemplo, ter rodado o mundo ou ter sido pesquisadora, tamanha é sua fome de descobrir e aprender. Tornou-se funcionária pública e professora por vinte anos, com pouco convívio social, para poder dar ao seu filho o mundo. Não pense que há arrependimento em sua escolha. Trata-se somente de um relato sincero da própria história, que também inclui todos os ganhos que um filho com doença rara pode trazer para uma mulher, por mais inacreditável que isso possa parecer.

Como outras mães, Rosana rejeita o rótulo de especial. Quando as pessoas dizem que a admiram ou que ela é um exemplo, fica um pouco incomodada, pois, afirma, esta não foi uma opção. Ela não aprecia a romantização da maternidade rara pois sabe o que representa na prática. Não gosta quando as pessoas a chamam de guerreira e de valente, porque não vê alternativa além da superação. Para ela, a mãe rara simplesmente faz o que tem de fazer.

O depoimento a seguir revela toda força, serenidade e sabedoria de Rosana Martinez.

Rosana Martinez é mãe do Lucas e do Pedro, paciente de Distrofia Muscular de Duchenne

Fui criada no Rio de Janeiro. Meus avós paternos eram portugueses que, embora semianalfabetos, davam muito valor à educação. Meu pai foi o primeiro da família, com muito custo, a se formar em Medicina. Na época, eu já tinha oito anos e minha irmã Lílian, sete. Nós morávamos em Copacabana com meus avós maternos. Fui educada num colégio de freiras, na praia de Botafogo.

Quando tinha treze anos, meu pai inscreveu-se no Núcleo de Preparação de Oficiais da Reserva (NPOR). Ele gostou do exército e escolheu, como segundo tenente, trabalhar em uma fronteira da Amazônia por um ano e oito meses. Minha mãe chorou por três meses seguidos, mas eu e a minha irmã adoramos. A gente nunca tinha saído do Rio de Janeiro e foi um aprendizado muito bacana. Pense em morar numa clareira no meio da Floresta Amazônica, à beira do Rio Guaporé... A gente aprendeu a subir em árvore e a criar arara e filhote de onça que achávamos perdidos na mata. Foi maravilhoso!

Como meu pai não quis mais voltar para o Rio de Janeiro, que era uma cidade em ascensão, nós nos estabelecemos no Mato Grosso, em 1972, antes da divisão do estado. A gente sempre estudou em ótimos colégios e foi no final do Ensino Médio, no colégio Dom Bosco, que eu conheci o René. Tivemos um namoro de cinco anos e estamos casados há 34 anos.

O Lucas, meu filho mais velho, nasceu três anos depois do casamento. Ele demorou um pouquinho, pois eu não conseguia engravidar. Fiz tratamento e me lembro do médico dizer:

— Não entre em parafuso porque normalmente demora — geralmente, de três meses a um ano.

Eu tive tanta sorte que, logo no primeiro mês em que tomei remédio, eu engravidei. Depois que o Lucas nasceu, eu fui tomar pílula de novo e passei mal. O médico decidiu experimentar outra e disse que não precisava me preocupar, porque ainda tinha leite no peito. Foi uma única vez e no 14º dia da tabela. Engravidei. A gente estava começando a vida, e meu pai tinha acabado de falecer. Morreu muito jovem, aos 52 anos, quando o Lucas tinha apenas cinco meses. Como minha irmã tinha se mudado com o marido, fiquei sozinha com a minha mãe, viúva, que era muito dependente do meu pai para tudo. Por isso, eu não queria outro filho tão cedo. Mas veio.

Comecei a ver que o Pedro era diferente logo depois que começou a andar. Eu comparava os dois filhos, via que ele era mais preguiçoso para andar e subir escada, por exemplo. Quando brincava, eu via que ele se cansava mais, caía... Às vezes, eu comentava com a minha amiga pediatra, e ela dizia que era mania de mãe comparar um filho com o outro. Falava:

— Os seus cinco dedos da mão são iguais? Não são. Pois os filhos também não são iguais.

Até que um dia a professora da pré-escola me chamou e falou:

— Rosana, eu queria te falar uma coisa, não me leve a mal. É que eu tenho notado que o Pedro é diferente das outras crianças.

Ele já ia fazer quatro anos, e tudo aquilo que eu via nele, ela falou para mim. Voltei na minha amiga e ela comentou que ele tinha uma panturrilha meio proeminente. Esta é uma das características da distrofia, mas meu sogro também tinha. Ele é baixinho e atarracado, então sempre achei que era uma característica hereditária. Ela completou:

— Acho que é impossível isso, porque não há nenhum caso na sua família, mas eu vou pedir um exame.

Somente em São Paulo se fazia o exame da enzima CPK[1], que é o primeiro indício de distrofia muscular. Eu já tinha ouvido falar disso, porque estudei genética na Faculdade de Ciências Biológicas. A gente já tinha feito um monte de exames e não achava nada nele. Era preciso descartar essa outra possibilidade. O laboratório recolheu o sangue e mandou para São Paulo. O resultado demorava coisa de uns quinze, vinte dias.

Eu fui ao laboratório no dia em que ficou pronto o exame e tenho mania de abrir o envelope. Vi que o normal era 0,15% para cada mililíttro de sangue, e o Pedro tinha 1.150%. Na hora em que eu li aquilo, minha perna começou a tremer. Eu entrei no carro, onde estavam as crianças, e já não sabia como chegar no consultório. Quando a médica abriu o exame, ela olhou para mim e uma lágrima escorreu do olho dela.

— Rosana, eu vou te ajudar. A gente não sabe muita coisa sobre isso, mas eu vou te ajudar.

A gente tinha um amigo que tinha se formado em Medicina e trabalhava na Escola Paulista, hoje Unifesp. Ele falou de um grupo em São Paulo, comandando pela Dra. Mayana Zatz, no Centro de Pesquisas sobre o Genoma Humano e Células-Tronco, da USP, e conseguiu uma consulta para dali a seis meses.

Nesse período, eu pedi licença do trabalho e voltei para a universidade. Despenquei em tudo que era livro, mas eles eram antigos e eu nem sabia que o que Pedro tinha era uma doença rara. Eu lia tudo, e a literatura era de matar, porque dava uma expectativa de vida de, no máximo, 16 anos. Entrei na fase do luto. Na hora de dormir, eu pedia para amanhecer morta no outro dia para não ter que passar por isso. É muito difícil. As pessoas querem ajudar, mas

1. A enzima CPK, ou creatinofosfoquinase, atua nos tecidos musculares, no cérebro e no coração.

não sabem como. Minha amiga me indicou uma neuropediatra daqui que nunca vou esquecer, porque, quando ela viu o diagnóstico do Pedro, me aconselhou a ter outros filhos. Eu respondi:

— Com todo respeito, filho não é cachorrinho que morre um e a gente põe outro no lugar. Não é assim que funciona.

Virei as costas e nunca mais voltei com ela. É dolorido passar por isso. No começo, eu me entupia de fluoxetina[2] até que um dia me dei conta de que, se ficasse dopada de remédio, não poderia ajudar meu filho. E eu também tinha outro.

Fui, então, para a consulta em São Paulo, com um calhamaço de anotações do que tinha estudado sobre a doença. O primeiro dia no Genoma é chocante, porque você vê aquele monte de pacientes em vários estágios. Todo mundo teve que fazer exame — eu, o René, o Lucas, a minha irmã, as minhas sobrinhas, a minha mãe, todas as mulheres da família. O caso do Pedro é raríssimo de dar em mulher, e, quando isso acontece, é mais brando. Aqui no Brasil há somente três pacientes já diagnosticados com a mutação dele; no mundo inteiro, são vinte. A mutação dele é raríssima.

Como o Centro de Estudo de Genoma estava começando, não havia gratuidade.

Eu tinha um carnê do Banco Itaú, porque a gente dividiu em dez vezes. Era caríssimo. Nós íamos de três em três meses, de ônibus, com o Pedro pequenininho. As especialistas sugeriram hidroterapia e, como não existia isso em Campo Grande, o René, que é formado em Educação Física, aprendeu o que fazer para usar a piscina aquecida da academia de um amigo no horário do almoço, quando não tinha outros alunos. Foi muito difícil no começo.

Depois de seis meses, quando estava para sair a biópsia, nós torcemos para ser Becker. No dia do resultado, eu e o René saímos do apartamento da minha irmã para comer uma pizza ali perto, na Paulista, e a gente olhava um para a cara do outro e

2. A fluoxetina é um medicamento antidepressivo.

não parava de chorar. Fomos embora sem comer. Era impossível. Nós éramos jovens e passamos um ano sem nos tocar, porque a gente não tinha vontade. Dormíamos e amanhecíamos chorando. Era muito difícil conviver, mas o tempo vai passando, e a gente vai aprendendo.

> **Becker e Duchenne são dois tipos de distrofias musculares causadas por mutação genética de caráter recessivo, ligada ao cromossomo X. A grande maioria das mulheres portadoras do gene DMD são assintomáticas e podem, durante a gestação, transferir a mutação a seus filhos. O diagnóstico definitivo pode ser obtido ao se detectar, no exame de sangue, níveis elevados de CPK. Em 30% dos casos, porém, é necessário também fazer uma biópsia do músculo para identificar a ausência da enzima. As duas distrofias possuem sintomas similares, porém são mais leves na de Becker. A Distrofia Muscular de Duchenne, que atinge somente os meninos e é progressivamente incapacitante, afeta primeiramente os membros inferiores e depois os superiores. Pode gerar problemas cardíacos e respiratórios com a progressão da doença.**

Como o René é mais emocional e eu sou mais fã da ciência, era tudo comigo. Eu estudei, aprendi, levei as informações, tomei decisões. Eu falo para as pessoas que nenhuma escolha é fácil quando você tem uma doença dessa gravidade. Por mais que o Pedro fosse criança, a gente decidiu tratá-lo com a verdade sempre, porque eu sabia que a caminhada seria dura para ele. É fisioterapia todos os dias, um monte de remédio... se eu dourasse a pílula, ele teria preguiça. Então, a gente sempre decidiu que ele tinha que participar de tudo, porque a vida é dele. O fato de ele ser criança não lhe tira o direito, então, sempre dentro do seu entendimento, a gente falava a verdade. Foi uma decisão muito acertada, porque o Pedro sempre foi muito corajoso, sempre muito cheio de vontade de viver.

No começo, a coisa que eu mais tinha medo era de um dia ele perguntar para mim se ia morrer. Pedia:

— Meu Deus do céu, ponha palavras na minha boca.

Quando ele tinha sete anos, a gente estava brincando, aquela coisa de mãe e filho, brincando de cosquinha, e ele achou um pontinho no teto:

— Olha lá um ponto.

— É, alguém pintou.

— É ponto fraco. O meu ponto fraco é a minha perna.

— É, mas é por causa da sua doença, que não atinge só a sua perna, mas outras partes do seu corpo.

De repente, ele parou e falou:

— Mãe, eu vou morrer?

Bateu aquele gelo na espinha, parei, e parece que veio aquela inspiração.

— Todos nós vamos morrer, Pedro. A nossa vida é uma contagem regressiva. Sabe quando a gente começa a morrer? No dia em que a gente nasce. Cada dia é um dia a menos da nossa vida, então todos nós vamos morrer. Quando a gente vai morrer não pertence à gente, Pedro. Tem gente que tem doença, como você, que pode acabar morrendo dessa doença, mas tem gente que mesmo não tendo uma doença, às vezes vai andar de bicicleta, cai e morre. Ou sofre um acidente de carro e morre. O seu irmão, que não tem nada, pode morrer antes. Eu posso morrer antes, você pode morrer antes... Isso não pertence à gente. Sabe o que pertence à gente? A gente viver o dia de hoje, o melhor que a gente pode, porque só o que a gente sabe é o dia de hoje, o de amanhã a gente não sabe, porque não pertence à gente o tempo que a gente tem. O que a gente sabe é que todo mundo vai morrer.

Eu admito que dei muita sorte também, porque fui parar logo no lugar exato. O que existe para ser feito está no Genoma. São os melhores profissionais, especialistas de gabarito mundial. Eu tive muita sorte, e por essa minha sede de conhecimento, essa coisa de estar sempre aprendendo, participando de tudo, comecei a ficar amiga das pessoas. Passei também a atender outras famílias, já que fui uma das primeiras a ir para São Paulo e a aprender. Esse é o meu trabalho.

Fui mandando outros pacientes, até que o pessoal sugeriu que eu fundasse uma associação e eu fiz isso. O trabalho básico que eu faço é esse, de assessoria e encaminhamento, além de distribuir informação. Como a Adone[3] é mais restrita, porque lida com doenças neuromusculares, eu fundei mais tarde outra ONG, a Sociedade em Prol da Acessibilidade (SPA)[4]. Foi assim que fui acumulando experiência na questão da militância, fiz pós-graduação e aprendi como ajudar. Faço tudo que eu posso — para pacientes de outras doenças também. Acho que o que eu faço é um grão de areia, mas a gente tem que colocar o tijolinho.

Sou parceira de todas as grandes instituições públicas e privadas. Faço um monte de coisas: faço palestra, escrevo para blog, participo de congressos para profissionais, de congressos acadêmicos para as universidades, de cursos de Educação Física para falar sobre esporte adaptado para pessoas com doenças neuromusculares. Fica parecendo que eu sou a

3. A Associação de Doenças Neuromusculares (Adone) do Mato Grosso do Sul é uma associação sem fim lucrativos, formada por pacientes de doenças neuromusculares, pais, amigos e simpatizantes, com o objetivo de trocar experiências e informações, além de unir esforços em torno de interesses comuns em curto, médio e longo prazo.

4. Fundada em 2001, a SPA trabalha em prol da acessibilidade, mobilidade urbana e qualidade de vida no Mato Grosso do Sul.

chata, que toda hora está lá batendo na porta de vereador, de deputado, de senador.

Eu defendo, por exemplo, uma política para cuidadores, que já existe em outros países e é necessária, mas não entrou na portaria. Eles prometeram que ia ser feito depois e até hoje eu sinto falta, porque, na maioria das famílias, um membro sempre abre mão da vida, não tem renda, não tem plano de saúde, não tem assistência social, nada. Se a mãe for funcionária pública, ela tem que ser aposentada integralmente com todos os seus direitos até o final da vida. Se estiver na iniciativa privada, que seja dado um incentivo para essa instituição, para que possa fazer o mesmo por essa mãe. Eu ainda não desisti disso, não. Eu vou para Brasília e crio caso. A gente acha tão pouco resultado. O que a gente quer, mesmo no mundo ideal, não ocorrerá no tempo da nossa vida, mas nós estamos colocando os nossos tijolos. Outros vão vir, vão passar, vão assumir de onde a gente deixou, vão melhorar essa política que já está sendo revista. É isso que eu penso: a gente vai vivendo do jeito que dá, não é do jeito que a gente quer. Aprende-se a acreditar de outro jeito, a conceituar felicidade, a conceituar satisfação de outra maneira...

Eu não sei se incomoda as outras mães raras quando as pessoas falam que admiram a gente, que somos um exemplo de coragem. Isso me incomoda porque não é uma opção. A gente é pai e mãe igualzinho aos outros. Nenhum filho vem com manual, é um aprendizado. Você nasce, tem que aprender a ser filha, depois a ser esposa, depois a ser mãe e mãe de uma pessoa com uma doença. Acho que as pessoas romantizam muito isso porque elas não sabem o custo das coisas, o que está por trás. Não é uma coisa linda o que a gente faz; não existe outra maneira, tem que fazer e pronto. Apesar dos meus pais serem muito religiosos e eu ter estudado em colégios católicos, a minha relação com a divindade é outra. Eu tenho muito essa coisa de ciência, então ou você levanta e faz alguma coisa, ou você não faz nada e fica esperando vir Shiva, Jesus, Buda ajudar. Eu escolhi levantar e fazer alguma coisa, que é conhecer, buscar e nunca me conformar com o primeiro "sinto muito" que ouvi. E eu ouvi muitos.

Eu gosto da academia, essa é uma natureza minha. Eu faço isso porque eu amo estudar, amo conhecimento, sou curiosa. Comecei várias faculdades e terminei três. Depois, quando fundei as ONGs, fiz pós-graduação em Gestão Pública. Mesmo com o diagnóstico, eu continuei trabalhando, fiz concurso para dar aulas no estado, lecionei por quase vinte anos. Depois, saí da sala de aula, fui para o administrativo, para a área técnica das secretarias. Eu queria ter feito mestrado, queria ter viajado muito, sempre tive o sonho de conhecer a terra dos meus avós, ver as coisas que eu lia nos livros do Saramago, do Miguel de Cervantes... Eu viajo na literatura, que te dá esse poder. Então eu tive que abrir mão de muita coisa: da minha vida profissional, das viagens que são cada vez mais difíceis, dos meus sonhos.

Hoje eu ganho um pouco mais do que o Pedro e menos da metade do que ganha o Lucas, que mora em São Paulo. Tenho 34 anos de serviço, com todos os adicionais que acumulei. O René tem uma faculdade, não tem pós-graduação, não tem nada. Eu tenho três diplomas e ele tem um, mas ele ganha mais do que eu, fazendo a mesma coisa. Tem vínculo de professor e de técnico, como eu tenho, mas lógico que, por ser homem, ele ganha o dobro do que eu ganho. Eu tive perdas na vida profissional, perdas financeiras, mas a relação com o dinheiro muda quando você tem uma pessoa assim. A gente repensa todos os valores. O dinheiro é importante, lógico, principalmente para custear o tratamento dele, para manter a vida dele. Mas o mais importante é colecionar momentos, é viver a vida.

Eu fico com raiva às vezes porque não consigo resolver uma coisa simples que ajudaria com muitos problemas. Só que no balanço de perdas e ganhos eu ainda acho hoje, com todo o conhecimento que eu tenho, que sou privilegiada. As pessoas acham que não tenho medo. Sinto um medo desgraçado. Se o

Pedro tem qualquer coisa, eu entro em pânico. Só não demonstro. Eu não passo isso para ele, mas tenho pavor. A minha finitude, por exemplo, me preocupa. Existem hoje muitas possibilidades, a medicina está muito avançada, mas me preocupo do Pedro sobreviver a mim. Na verdade, é uma faca de dois gumes: eu quero muito que ele sobreviva a mim, mas, se assim ocorrer, como será? Esse é um dilema de todas as mães raras.

Com tudo que eu sei, nunca vou me sentir preparada para a morte. Eu tenho convicção das minhas decisões sobre a questão da sobrevida dele, sobre as decisões que eu terei que tomar quando chegar esse momento. É uma coisa que, inclusive, está acordada com ele porque é a vontade dele também. Ainda assim, não me sinto preparada, não sei como eu vou viver depois disso. Será que eu vou conseguir ser a pessoa que eu ainda sou para meu outro filho e para meu marido? Para as famílias que eu atendo, que hoje dependem de mim? Será que vou conseguir ser essa pessoa? Por mais que tenha aberto mão de tudo, eu e o Pedro somos muito companheiros, muito amigos. Eu converso mais com ele do que com o meu marido. Eu vou perder isso e não sei como vai ser. Eu tenho medo, sim, todos os dias.

Eu sempre falo nas palestras que sou extremamente a favor da descriminalização do aborto. Já conversei isso com o Pedro. Se fosse hoje e eu visse que ele tinha essa doença, sabendo tudo que eu sei hoje, eu teria tirado na hora. Aqui no Brasil não pode, mas eu iria para qualquer país aqui da América Latina e tirava. E não seria só por mim, mas por causa dele. Eu não preciso provar nada para ninguém porque as pessoas veem o quanto amo meu filho e que dei minha vida por ele, mas eu tiraria, sim. Quero que meu filho e qualquer pessoa que eu ame tenha vida enquanto ela se sustentar. Eu já conversei com ele sobre isso, porque o Pedro é adulto e um dia ele vai ter que deixar isso declarado. Se alguém tiver que sofrer, que seja eu, não ele, porque a vida já foi muito dura com ele, já tirou muita coisa dele.

Para que o Pedro tenha essa vida que você vê, que poucos como ele têm, eu e o René não temos convívio social. Nós vamos onde o Pedro vai. Aprendi a gostar de show de rock, de filme, de série, tudo que o Pedro gosta. Ainda bem que ele gosta de coisas que eu gosto, porque a gente vai nas coisas que ele quer. Eu e o René fizemos somente duas viagens: uma para Cancun, quando nós fizemos 15 anos de casados, e a minha irmã veio para cá e ficou com eles; depois, para a Tailândia, quando fizemos 30 anos de casados. Eu tenho muita sorte porque o René é um paizão, ao contrário da grande maioria. Criou-se uma aliança entre a gente mais forte ainda. Temos muita cumplicidade e nos incentivamos muito. Sabe quando a gente sai para jantar só nós dois? Quando os amigos do Pedro vão lá pra casa e tem noite do jogo de tabuleiro, do campeonato de videogame, do vinil... Aí os amigos cuidam, e nós saímos eu e ele para jantar.

Ao longo da vida do meu filho, quando terminavam os ciclos, como a formatura de primário, de Ensino Médio ou de ginásio, e tinham as solenidades, eu pensava: "Estou fazendo o certo". O Pedro sempre estudou em escola normal, e eu sempre ensinava que ele tinha que focar no que pode fazer e não no que não pode. Escutei das diretoras várias vezes:

— O Pedro estudar aqui foi bom pra gente.

Eu escutava o mesmo das mães dos coleguinhas. Os amigos dele falam isso para mim. Eles são uma graça! Quando tem um lugar novo para ir, eles vão lá primeiro para ver como é. Quando tem casamento, escolhem o lugar a dedo porque querem que o Pedro vá. Os aniversários dos filhinhos têm que ser num lugar que tenha acessibilidade para o Pedro ir. São amigos de anos. Sempre disse que é preciso enfrentar as coisas, não se esconder e ficar depressivo. Falava:

— Filho, é normal, quando você vê uma coisa diferente. Só que algumas pessoas não lidam com isso de uma forma educada; às vezes elas colocam uma palavra grosseira, mas você tem que enfrentar, não pode se deixar abater por isso, porque você tem muitas qualidades.

Por exemplo, quando chegou a época de fazer faculdade, ele queria fazer Música. Sempre gostou de rádio, tocava teclado, compõe música, canta... Eu vou ser sincera com você: eu o desestimulei. Falei:

— Pedro, o que você vai fazer com a música quando ficar limitado? Uma hora você não vai mais conseguir tocar, uma hora você vai ter uma perda na sua voz... Você pode continuar compondo, fazendo arranjos; pode continuar cantando, mas não tão bem quanto agora. Por que você não faz alguma coisa na qual possa usar esse talento artístico, de repente conseguir um emprego e seguir numa carreira?

Ele chegou a fazer vestibular e tudo, mas não passou. Fez várias aulas de música, de teoria, de canto e foi vendo que não era aquilo. O Lucas já tinha entrado em Publicidade e ele decidiu fazer Jornalismo. A gente tem que fazer isso, pôr o pé no chão. Não adianta criar expectativa. Ele fez Jornalismo em uma universidade católica, que é uma das maiores universidades daqui. Ele tinha um programa na rádio FM sobre músicas e entrevistas. Conhece todo mundo, é bem relacionado. Já publicou dois livros de poesia e está terminando o autobiográfico. Falou:

— Mãe, acho que eu já estou maduro para contar a minha relação com a distrofia.

Esse vai ser mais legal, você vai ver. Eu também escrevi um livro, o "Milagre aos Pedaços", há mais de 15 anos. Sabe por quê? Para que um dia meus netos saibam dessas coisas. É um relato das minhas experiências. Teve gente do Chile que mandou mensagem dizendo: "Você mudou a minha vida. O seu livro mudou a minha vida". De alguma maneira, eu realizei alguma mudança nas vidas de outros meninos e de outras famílias. Eu sinto culpa e perda ao mesmo tempo, porque não fui para o Lucas a mesma mãe que fui para o Pedro. Eu gostaria de ter sido mais presente. Sinto muito orgulho dele e é por isso que eu quero que meus netos um dia saibam disso tudo.

Todos os dias eu aprendo a ser um ser humano melhor, porque o Pedro me fez uma pessoa melhor, ainda que me ache cheia de defeitos. Tem gente que diz que eu faço tudo com muito amor, mas não é fácil de fazer, porque vida a gente só tem uma, e a coisa mais preciosa que você pode dar para uma pessoa é o seu tempo, e ele não volta mais. Só pai e mãe abrem mão da própria vida por causa de filho. Ninguém mais faz isso. O René se doou tanto quanto eu, então todas as perdas que eu tenho hoje, ele teve também. E a gente luta contra isso todos os dias: as perdas sociais, a juventude que se foi. Nós entregamos tudo. Pelo Pedro, a gente entregou tudo. E faríamos tudo de novo.

Sabedoria que empodera

Eu já havia cruzado com Juelina Nunes, conhecida como Jô, nos eventos de doenças raras, mas somente quando pisou em minha casa para a entrevista eu conheci realmente essa mãe extraordinária. Como morava longe, em um cantinho isolado da Rodovia Raposo Tavares, ela preferiu quebrar o protocolo e me visitar. Como se fazia no passado, nós nos aconchegamos na cozinha e deixamos o bolo de banana assar com calma, enquanto conversávamos sobre sua vida.

Filha de boiadeiro, esta paranaense nasceu na roça. A família humilde foi vítima de uma enchente quando ela tinha apenas três anos. A água deixou trauma após ter levado tudo, inclusive seu irmão com apenas sete dias de vida. A saúde frágil também marcou sua infância. Era obrigada a passar longas temporadas na cidade com a avó para se tratar. Teve tudo que você pode imaginar: bronquite, alergia, intolerância à lactose e, mais velha, tuberculose. Sofreu, ainda, na escola. Era agitada, distraída, e chegou a ser expulsa de uma instituição. Até que uma vizinha antropóloga, que dava aula para índios, disse que ela sofria de déficit de atenção. Quando parecia fazer as pazes com os estudos, uma gravidez precoce interrompeu seus planos. Jô tinha apenas 16 anos quando o primeiro filho nasceu e, dois anos depois, chegou o segundo. Ela se casou com o pai dos meninos, que era alcoólatra. Separou-se e conheceu o pai de Jéssica, que ajudou a criar os dois, a quem nunca deixou de dar atenção.

Embora a maternidade a tenha desviado do plano inicial, nunca a impediu de construir uma trajetória singular e exemplar. Com a experiência de quem trabalhava como chef, tornou-se uma banqueteira de mão cheia. No entanto, nada a define melhor que o título do livro que ela mesmo escreveu: Mãe Coragem.

Foi com o nascimento de Jéssica que nasceu também essa mãe, pois enfrentou a solidão e a desconfiança da família, e até da equipe médica, descrentes de seus relatos sobre o desenvolvimento da filha. Ela persistiu, descobriu e aprendeu a conviver com uma síndrome até então desconhecida e incompreendida. Jéssica estudou, trabalhou em uma cadeia de hotéis, foi a primeira paciente de Síndrome de Williams a fazer transplante de coração no mundo e faleceu aos 19 anos, em 13 de agosto de 2010.

A dor pungente não bloqueou o coração dessa mãe, que acolheu Isabel, de 11 anos, e Marcos, de 24. Este último tem paralisia cerebral e vivia perambulando pelas ruas de São José dos Campos, no Vale do Paraíba. Quando soube, Jô convidou-o para passar o Natal em sua casa. Ele aceitou e apareceu vestindo chinelo e uma bermuda surrada. O combinado era que ele passaria somente dez dias, mas nunca mais foi embora.

E, assim, Jô segue sua vida. Com singelos atos de coragem, ela transforma a vida dos outros e cumpre a missão iniciada com Jéssica. A seguir, o relato que ela me deu.

Jô Nunes, mãe do Elton, do João Rafael, da Jéssica (paciente de Síndrome de Williams falecida em 13 de agosto de 2010 aos 19 anos) e mãe de criação da Isabel e do Marcos Vinicius, que tem paralisia cerebral e baixa visão

Eu fui uma criança muito pobre. Sou do Paraná, mas, em casa, cada um nasceu num lugar, porque meu pai era boiadeiro. Como minha mãe era ciumenta, ela não o deixava sozinho e nós fomos nascendo pelo caminho.

Quando tinha quatro anos viemos para São Paulo e quase viramos mendigos. Meu pai era muito simples, cuidava de uma fazenda e acreditou em alguém que disse que aqui ele ficaria rico. Ele vendeu as galinhas, pegou a família e veio para cá. Quando chegou aqui, descobriu que o endereço do cara não existia. Na época, nós éramos em quatro. Ficamos sentados em uma praça. Passou uma senhora e eu ri para ela, que se encantou e nos levou, a mim e a minha irmã, para tomar banho. Foi a primeira vez que vimos um chuveiro e uma televisão. Ela era a mãe do padre e meus pais foram morar no fundo da igreja, como caseiros. Só que a gente não se adaptava à cidade. Um dia eu quase fui atropelada; os moleques batiam na gente porque falávamos errado; não sabíamos comprar as coisas, até que meu pai cismou que tínhamos que voltar para a roça.

Quando fui para a escola, começaram as dificuldades de aprendizagem. Eu repetia cada ano duas ou três vezes. Quando estava na terceira série, minha mãe pediu ajuda para uma antropóloga que tinha se mudado para perto de casa e dava aulas para índios. Na primeira vez que ela sentou comigo, falou que eu tinha TDH. Eu já tinha passado em psiquiatra, já tinha apanhado muito, tinha sido expulsa de escola... Foi ela quem começou a me ajudar.

Meu pai montou uma estufa na nossa casa. Éramos em 14, porque oito eram filhos legítimos e seis, adotados. Ele virou policial, e apesar de analfabeto, dirigia, fazia tudo com uma única mão porque tinha tido um AVC. Naquela época, quem tinha deficiência era sobrevivente. Como não tinha conselho tutelar, as crianças iam tudo lá para casa. Alguns vieram e foram embora, mas seis ficaram.

Eu tive um casamento, com o pai dos meninos, que foi destruído pelo alcoolismo. Eu conheci depois o pai da Jéssica, uma pessoa maravilhosa que praticamente adotou os meninos. Vivemos 16 anos juntos e não nos separamos por conta de deficiência. A relação se desgastou.

Quando ela nasceu, eu estava no primeiro ano de nutrição. Tive que escolher: ou a Jéssica ou a minha carreira. Era chef num restaurante famoso, mas parei tudo e virei banqueteira. Hoje faço jantares, preparo congelados, essas coisas. Nunca senti falta de estudar.

Eu engravidei na pior fase: meu marido tinha acabado de sair da faculdade e estava desempregado. Ainda assim, nós curtimos pra caramba. O obstetra falava que eu tinha errado a data, pois a criança não se desenvolvia, era muito pequena. Tive descolamento de placenta e hoje, conversando com outras mães, sei que várias tiveram.

Ainda assim, ela nasceu com 2,6kg, de cesárea. Quando eu olhei a carinha, achei meio esquisita, mas podia ser inchaço. Afinal, tinha acabado de nascer. Veio mamar em uma enfermaria onde ficavam outras mães com aqueles bebês singelos mamando. A Jéssica não era parecida com ninguém de casa: beiçuda, narigão, chorona... Ela não conseguia mamar. Quando apoiava no peito, ela se afogava, não parava de gritar. Eu falei para a enfermeira:

— O que essa criança tem?

Ela saiu e voltou com um psicólogo dizendo que eu estava tendo depressão pós-parto e podia rejeitar a criança. Recebi alta com meu bebê chorão, que arroxeava ao mamar. Eu fiquei nove meses fazendo um enxoval maravilhoso que nem usei, porque ela chorava e arrancava a roupa. Nem o pediatra, nem ninguém viu nada de errado. Um dia eu saí com a Jéssica, me sentindo tão bonita, toda chique, bem madame. Quando eu voltei, ninguém podia encostar em mim. Ela mamava e punha tudo para fora, parecia um queijo gorgonzola.

Eu não dormia nem de dia, nem de noite. Na minha casa, ninguém podia fazer barulho, o cachorro do vizinho não podia latir, porque ela gritava. Chorava para tomar banho, chorava para comer, chorava para fazer xixi. Hoje eu sei que a gente perde cálcio pela urina e os pacientes de Síndrome de Williams têm hipercalcemia. Eu me culpava, porque o médico do pronto-socorro chamava meu marido e falava que era coisa da minha cabeça por passar o dia inteiro com a criança no colo. Levava todas as minhas dúvidas para o pediatra e voltava frustrada, com cara de idiota. Tudo que eu falava, ele ria e dizia:

— Imagina, mãe, criança não faz isso.

Havia sempre uma desculpa para tanto choro e gritos. Todas as mães relatam a mesma história. A gente até brinca que as crianças com Williams têm licença na prefeitura para chorar.

Aos quatro meses, sem saber mais o que fazer, começaram as febres. Ela tinha pneumonia atrás de pneumonia, o peito chiava. Meu marido trabalhava à noite, ele dava plantão de 12 por 36 horas na penitenciária. Meus filhos frequentavam uma creche, ondc a Dra. Ana Escobar era voluntária. Descobri que ela também era chefe em um hospital na Vila Nova Cachoeirinha. Um dia acordei às 5h da manhã e, com um guarda-chuva enorme, peguei uns três ônibus para ir até lá. Invadi o hospital chorando, encontrei-a no corredor, entreguei a Jéssica e pedi, pelo amor de Deus, para ela me ajudar. Mal entramos no consultório e a minha filha teve uma parada cardíaca.

Neste momento, começou outra realidade. A Jéssica ficou três meses internada no Instituto do Coração do Hospital das Clínicas de São Paulo, o InCor, onde se descobriu que ela não tinha pneumonia, mas um problema severo de coração. Ela poderia ter morrido na sala de parto porque não tinha nenhum cardiologista por perto. E tudo poderia ter sido visto no ultrassom.

O cirurgião me encaminhou para um geneticista famoso e, assim que entrei com meu "geme-geme" gritando, ele perdeu a paciência e me colocou para fora. Mal olhou para a Jéssica e assinou um encaminhamento para um psiquiatra. Eu via que ela demorava para levantar a cabeça e para comer, que tinha ânsia só de me ver amassando a fruta. Em todo lugar faziam comparações ou me perguntavam por que ela era daquele jeito. A única coisa que ela começou logo a falar foi "oi". Ria e, dali a pouco, abria o bocão de novo, chorando. Com uns seis meses, a Jéssica tinha uma hérnia umbilical, que é outra característica dos Williams, porque eles têm a perda da elastina.

Com um ano e quatro meses, a Jéssica amanheceu com virose, mas no pronto-socorro disseram que não era nada. Deixei na creche, até que a Dra. Ana me ligou pedindo para encontrá-la no InCor urgente. Era meningite bacteriana. O médico virou para mim e falou:

— Ela tem 48 horas para viver e ser um peso na sua vida, ou morrer e te dar sossego. Se você acredita em Deus, reza.

Eu fui ao banheiro, ajoelhei e entreguei na mão de Deus:

— Você me deu uma responsabilidade. Se achar que não tenho mais condições, você leva.

Quando entrei no quarto, a Jéssica estava acordada, tomando soro. Ela, que já sentava e começava a dar uns passinhos, voltou a ser um bebê. Só andou com três anos e oito meses. Todo mundo achava que era sequela da meningite, mas eu dizia que ela já era assim. Os outros diziam que eu não aceitava.

Ela ficou naquela creche até os cinco anos. E era um rolo. Um ano ela não podia ir para uma turma porque não sentava; no outro, era porque não andava. Todo ano tinha algo. E eu sempre ouvindo todo mundo dizer que eu é que não aceitava a menina. Na escola, quando a colocaram em uma sala de apoio, a professora trouxe um menino que era a versão masculina da Jéssica. Fiquei boquiaberta, pareciam gêmeos. Fiz muita amizade com a mãe dele, que um dia comentou que o William, esse era o nome dele, poderia ter uma tal de Síndrome de Williams. Meu médico reagiu assim:

— Parou. Se você continuar, nós vamos te internar. Você tem que voltar a fazer terapia. Sua filha não tem síndrome nenhuma, ela tem sequela de meningite.

Eu continuei a minha vidinha de mãe na UTI, porque pelo menos uma vez ou duas por ano ela estava ali. Já fiz festa junina dentro de UTI, sessão de cinema, tudo por causa do coração dela.

Aos sete anos, marcaram um ecocardiograma no Hospital das Clínicas. A Jéssica era terrível. Sabe aquela criança hiperativa que não para um minuto? Ela era assim. De repente, ela pegou uma folha, improvisou um microfone, subiu no balcão e começou a cantar Titanic. Eu catei uma revista e fingi que nem conhecia. Só que, naquela confusão, passaram dois médicos rindo e só ouvi eles dizerem "Williams". Eu me levantei desesperada, segurei no pulso deles e gritei:

— Quem fala inglês?

Apareceu uma pessoa e começou a traduzir a conversa. Um deles me mandou procurar um geneticista porque ela tinha Síndrome de Williams. Quando ouvi aquilo, tive certeza de que, dessa vez, seria internada. Puxei-os até o consultório do médico da Jéssica, que discordou, mas fez o encaminhamento. Lá fui eu para o Instituto da Criança, outra unidade das Clínicas, onde a fila de espera somava dois anos. Às segundas e quintas, bem cedinho, antes de trabalhar, eu ia para lá. Um dia, uma japonesinha ficou encarando a Jéssica e, quando já estava saindo, ela me perguntou se era Síndrome de Williams. Comecei a chorar e respondi:

— É o que eu estou tentando saber.

— Calma, se você esperar, quando acabar o ambulatório, eu te atendo.

Era a Dra. Sofia Miura, geneticista do Instituto da Criança. Enquanto isso, a Jéssica ficava para lá e para cá. Os Doutores da

Alegria entraram no elevador e ela, junto. A médica chamava para atendimento e ela entrava junto no consultório. Era uma tagarela, tinha uma oralidade muito boa, português corretíssimo. Esse foi um dia em que eu quase desisti. Pensei em ir embora e deixar para lá, mas sobrevivi. Veio a Dra. Vera Chong, a chefe da área de genética, e todo mundo para examiná-la de cima a baixo. Disseram:

— Ela tem tudo para ter Williams. Não existe tratamento nem diagnóstico.

Naquela época, vinte anos atrás, não existia nada aqui. Com uma vaquinha, fizemos um exame que foi mandado para fora. Uma gotinha de sangue custou R$ 3,5 mil. Ela tinha sete anos quando saiu o resultado. Eu quis conhecer mais famílias e a pessoa mais próxima que eu achei, porque a mãe do William sumiu, foi em Buenos Aires. Nesta época, eu fui ser diarista. A doença afetou também a minha vida financeira, porque eu não podia ser registrada. Toda hora a escola ligava, ou o médico, e tinha que correr para o hospital. Para você ter uma ideia, eu sempre trabalhei para os médicos do HC, porque eu já estava por ali. Conheço tudo quanto é buraco do HC — tanto que ninguém me pede crachá, porque já acha que sou funcionária. Um dia, em um apartamento onde trabalhava, a cozinheira não apareceu, então assumi a cozinha e preparei o jantar. Os patrões passaram a me indicar para as pessoas e até me mandaram para a Argentina para preparar um banquete. Quando cheguei lá, entrei em contato com a Alícia, que tinha o sonho de fundar uma associação. Foi um choque ver a filha dela. Com 15 anos, ela babava e parecia autista. Voltei desesperada. Por conta da meningite, Jéssica usou tala por um tempo para se firmar, tinha estrabismo bem acentuado, usava óculos fundo de garrafa, um tampão, tinha os dentes proeminentes e era muito bagunceira. Eu evitava levá-la em certos lugares, porque não parava um minuto.

Eu não senti alívio com o diagnóstico, porque eu via que as outras crianças faziam tudo e a minha, nada. Eu nunca senti culpa.

Eu sinto culpa de não ter descoberto logo. Eu tenho culpa de não ter quebrado a cara do médico, de não ter xingado mais, de não ter brigado mais. Eu não tive a fase da negação — nem eu e nem o pai, mas a minha família teve. Eu capacitei todo mundo. Um dia entrei no quarto para pegar uma fralda, e meu marido estava roncando, enquanto eu ficava sem dormir dia e noite. Peguei a Jéssica, deitei-a em cima dele, tranquei a porta e peguei dois travesseiros. Naquele dia, ele virou pai e começou a cuidar. Geralmente, ou os pais vão embora ou são somente provedores. Na minha casa nunca teve isso. Ele levava para a consulta quando eu não podia ir, sabia o remédio, sabia o que ela tinha. Eu praticamente o obriguei. Na minha casa teve ex-marido, mas ex-pai, não.

A doença dela me trouxe capacitação. Antes, eram dois meninos e eu não tinha capacidade de andar com os dois sozinha. Sempre tinha que ter alguém. Quando a Jéssica nasceu, eu peguei a Isa, com 11 anos, para criar. Eu saía com os quatro às 5h, com uma mochila, tomava o ônibus cheio, esses meninos brigando dentro do ônibus, uma confusão... Até hoje eu não entendo como conseguia. A minha casa sempre limpa, a roupa passada, com crianças. Acho que hoje eu não daria conta. Deus capacita a gente. Meus filhos mais velhos hoje têm 37 e 35 anos. Eu sempre soube me dividir; trabalhei assim: a Jéssica é uma pessoa e eles são outras. Eu sempre tive tempo para os três, sempre fui assim. Mesmo uma besteira, eu parava para ouvir. Com o tempo, eles começaram a me ajudar e começaram a perceber a necessidade da irmã. Era tudo tratado igual.

Eu não tinha vida social — até para não passar raiva. Não era vergonha, era raiva. Durante uma festa de aniversário uma vez, a Jéssica abaixou a calça e fez cocô no meio do salão. As pessoas acabavam nem me convidando, porque eu levava aquela menina terrível. Eu moro num prédio de 16 apartamentos. Os meus filhos nunca entraram na casa de ninguém; a Jéssica já almoçou, jantou e usou o banheiro da casa de todo mundo. Ela descia para brincar no prédio e eu ouvia: "Sai daqui, monstro". Eu chorava, mas não falava nada. As pessoas olhavam para a Jéssica, eu percebia e falava no ouvido dela: "Jéssica, aquela mulher te conhece. Vai lá e dá um beijo".

Era assim: ame ou deixe. A Jéssica tinha uma autoestima que, se você perguntasse quem é a menina mais bonita, ela respondia "sou eu!". Eu sempre trabalhei isso, repetia que ela era bonita, que podia, que conseguia. Só gelei quando ela decidiu fazer curso de bordado e ponto-cruz, porque ela não tinha coordenação motora. Cada dia ela voltava mais triste para casa, até que decidiu mudar de curso e fazer bijuteria. Perguntei o porquê e ela respondeu:

— Mãe, eu tenho capacidade para aprender. No dia em que eles tiverem capacidade de ensinar, eu volto e faço.

Quando percebia o preconceito, ela perguntava:

— É por que eu sou pobre, negra, mulher ou deficiente?

De acordo com o prognóstico médico, a Jéssica seria uma eterna dependente minha. Nunca teria autonomia, nem se alfabetizaria. Faleceu quando estava no segundo ano do Ensino Médio. Falava inglês, francês, espanhol, sabia Libras, trabalhava no Hotel Mercure como recepcionista e andava sozinha. Já não era mais considerada pessoa com deficiência, mas limítrofe. Ela ia para o médico sozinha, fazia os exames dela, namorava, ia para a balada, como qualquer pessoa. Treinei toda a independência da Jéssica.

A pessoa com Síndrome de Williams tem um estreitamento nos vasos por não produzir elastina. O paciente faz correção das válvulas e consegue ter uma vida normal. Só que a Jéssica tinha estreitamento em tudo quanto era lugar. Eu conheço mais de 3,5 mil pessoas com Williams e só cinco com a mesma condição que ela. Quatro deles, contando com a minha filha, já morreram. É um tipo raro. Ela fez várias cirurgias, mas demorou muito para acertar as válvulas e ficou com insuficiência cardíaca. Aos 19 anos, teve uma parada cardíaca em casa. Eu consegui reanimar e a levei para o hospital. Quando chegou lá, a única solução era o transplante. Eu ouvi de um médico que jamais a colocaria na lista pois não valia a pena investir. Entrei com uma liminar na Justiça e, três dias depois, chegou o coração. Foi igual final de Copa do Mundo, porque foi o primeiro paciente de Williams no mundo a receber um transplante. O médico chorava de emoção, porque achava que não conseguiria.

Em geral, são quatro dias para desentubar, mas no dia seguinte o telefone tocou, de um celular desconhecido, e era ela, já desmontando o hospital. O transplante foi um sucesso. Ficou internada para acertar os imunossupressores e tudo, mas, com 47 dias, pegou um citomegalovírus e faleceu. Não foi do transplante. Eu fui muito criticada, o pai dela virou um bicho comigo porque eu pedi a autópsia. Se eu a enterrasse sem saber, minha luta seria em vão. Hoje qualquer Williams pode fazer transplante.

Eu e o meu marido nos separamos porque ele era agente penitenciário e geralmente eles se aposentam por insanidade. Com o tempo, começou a nos tratar como os presos. Até pedia desculpas e tudo, mas não tinha nada a ver. Depois que me separei, não quis mais ninguém. Até a Jéssica falecer eu fiquei sem ter ninguém — tanto que nem sabia o que fazer com a minha liberdade. Quando começo a ficar triste, eu escolho rir das coisas engraçadas. Já está pronto o livro "Crônicas de Jéssica", com tudo que passei na vida. Um dia eu tive um sonho com ela. Estava rindo, vestida de short creme e um tênis bem branquinho no pé, uma camiseta regata, e um cabelo trançado que me deu inveja de quem fez, porque era sempre eu quem fazia. Os dentes dela estavam muito branquinhos. Ela falou:

— Está achando que está sonhando? Você não está. Aquele dia em que eu te deixei lá no hospital, eu tinha um monte de coisa para te falar e eu não podia.

Falou que foi uma honra ser minha filha, agradeceu tudo que eu fiz e me pediu para não parar. Até então, eu dizia que tinha tido uma filha. No sonho, ela me corrigiu:

— Você não teve uma filha, você tem uma filha, que estará sempre do seu lado.

Aí não parei mais. Sempre fui muito interessada. Eu não conhecia doença rara, mas eu sempre tive contato com deficientes. Lá no Paraná, na fazenda onde nasci, havia o Francisco, que não tinha cadeira de roda, mas um carrinho de madeira. Eu o empurrava por aquelas ruas cheias de barro. Eu trabalhei também com índios, e teve um que nasceu na aldeia com as mãozinhas coladas e eu levei a mãe para a AACD. Então, eu comecei a me envolver assim. Quando tive o diagnóstico, juntei um grupo de nove mães e espalhei uma folha de sulfite para as pessoas reconhecerem a Síndrome de Williams. Começaram a aparecer muitas suspeitas. A ABSW apareceu daí, há 15 anos. Existem hoje 3,5 mil mães no Brasil, mas o que eu faço não é só para familiares de Williams. A minha palestra se chama Cuidando de Quem Cuida, porque eu vejo que essas mães param tudo, vivem de um benefício ou de pensão do filho e, quando a criança morre, não tem como se sustentar, não tem profissão, não se capacitaram. Eu tento mostrar para essas mães que se não estiverem bem, o filho não vai estar bem.

No começo eu era muito dependente dos meus filhos. Lembro que uma vez os meninos foram para a balada e, como não voltavam, eu fui para a porta do IML ver se não tinham chegado dois cadáveres. Olha a que ponto eu cheguei até começar a me cuidar. E eu aprendi que, em primeiro lugar, sou eu; em segundo, sou eu e, em terceiro, sou eu. Quem sabe, em quarto, meus filhos e minha família. Assim, eu posso me ajudar e ajudar as pessoas. Mesmo com a Jéssica na UTI, muito mal, eu falava que alguém tinha que fazer a minha unha, arrumar o meu cabelo. Eu comecei a separar que cada um tem a sua vida, eu poderia facilitar a vida da Jéssica, mas não curá-la, então eu tinha que fazer o melhor, sem querer salvar a pátria, ou me sacrificar. Se eu não me cuidasse, eu não ia ser feliz, e para ser mãe de um Williams você tem que ser feliz. É a Síndrome da Felicidade.

Imperceptível em exames de pré-natal, a Síndrome de Williams acomete uma em cada 20 mil pessoas, segundo a ABSW. Os pacientes são, geralmente, extremamente extrovertidos e sociáveis. Quando bebês, apresentam sintomas como irritabilidade, problemas digestivos, hipersensibilidade auditiva e baixo peso e altura. Com o passar dos anos, têm dificuldade de aprendizagem e motora.

Eu adotei, ainda, o Vinícius, que tinha 24 anos. Uma amiga minha sempre falava desse menino que pedia nas ruas de São José dos Campos. Eu falei que, caso quisesse, podia trazê-lo para passar Natal e Ano Novo em casa. Quando chegou, levei numa loja para comprar roupa, sapato. Ficou dez dias e começou a chorar na hora de ir embora, perguntando por que ia devolvê-lo. Falou que queria ser meu filho. Tem paralisia cerebral, baixa visão (enxerga só 30%), deficiência intelectual, dificuldade de fala e motora. Fui conhecer a família dele. A mãe era viúva, tinha oito filhos. Vinícius veio para a minha casa e comeu em uma semana a dispensa de um mês. Tomava banho e vestia roupa suja. Hoje o Vinícius é o mais cheiroso, aprendeu a andar sozinho, se vira, faz tudo. Trabalha no Shopping Bourbon, manda dinheiro para a mãe, guarda uma parte na poupança e é muito religioso.

Eu me sinto especial por Deus ter me dado o privilégio de ser mãe da Jéssica. Ele não me daria isso se eu não fosse especial. Desde o dia em que ela nasceu, sempre achei que ela não era minha; era uma passagem aqui. Eu não conseguia visualizá-la velha. Não sabia quando nem como, mas sabia que seria logo. Ainda assim, jamais teria abortado. Viveria tudo de novo. Eu não imagino minha vida sem a Jéssica. Eu me acho a Dona da Cocada Preta; não por exibição, mas a pessoa pode estar lá em cima que falo: "Você não teve a honra que eu tive". Antes eu tinha muito medo de morte; hoje em dia eu sou decidida. O que acontecer é porque chegou a hora e pronto. Eu já plantei uma árvore, já escrevi um livro, já tive filhos, então eu sempre falo que estou pronta.

Multiplicando amor

Eu conhecia a Karol somente pelas redes sociais, mas já sabia que não poderia deixá-la de fora deste livro. Pedro é a única criança no Brasil com uma doença que acomete cerca de 60 pacientes no mundo todo. Esta síndrome é tão rara que, até o momento, existem pouco mais de 120 casos descritos na literatura. Logo, acho que ninguém consegue imaginar a vida dessa mulher.

É por isso que fui até Uberlândia (MG) passar um fim de semana com ela, com o Pedro e com as Amoras, maneira carinhosa que a Karol chama as filhas Maria Júlia e Giovana. Cheguei na sexta-feira pela manhã e ela já estava superocupada, levando as crianças para a escola para depois acompanhar uma consulta do Pedro e participar do sarau da Giovana.

No dia seguinte, não foi diferente: ela tinha uma entrevista e uma sessão de fotos agendada no Parque Sabiá. Por ocupar uma área de 1,8 milhão de metros quadrados, você pode imaginar que encontrá-la foi um desafio e tanto. Como não atendia minhas ligações nem respondia as mensagens do Whatsapp, cheguei a ficar com medo de que estivesse me evitando — afinal, não nos conhecíamos, o que poderia ser um pouco constrangedor. Já estava desanimada quando vi uma moça empurrando uma cadeira de rodas na direção do estacionamento. Corri atrás dela, sentamos para tomar uma água de coco e, mais do que uma entrevista, ganhei uma amiga.

A Karol irradia uma alegria contagiante. E é incrível: por onde passa, as pessoas vêm falar com ela e com o Pedro. Todo mundo em Uberlândia conhece os dois, os protagonistas do Projeto Angel Hair. Tudo começou quando ela leu sobre o americano Dick Hoyt, que corria, nadava e pedalava com o filho com paralisia cerebral. Karol convidou, então, o filho a fazer o mesmo e se tornou seus braços, pernas e corpo. Juntos, eles correm, dançam e sobem em árvores. Não há nada de que a Karol e as filhas participem que não envolva o Pedro também. Como ele não usa alimentação enteral nem ventilação mecânica, isso lhe permite ter uma vida mais plena.

Karol continua aquela moleca da infância, que dividia as tarefas da casa com os irmãos e se arriscava a fazer bolos e outras receitas na cozinha. É claro que ela carrega hoje uma tristeza, sente medo, vive a solidão e tem outros problemas de gente grande, mas escolhe, acima de tudo, levar a vida com leveza. É o Pedro quem a ensina diariamente a ser mais humana e a seguir em frente.

Junto dele e de suas Amoras, Karol pede licença e vai abrindo caminho entre dificuldades, preconceitos, ignorância e isolamento para semear alegria, gentileza e, principalmente, amor. Neste depoimento, você vai entender como ela faz isso.

Karolina Cordeiro, mãe da Ana Júlia, do Pedro (paciente de Síndrome de Aicardi-Goutieres) e da Giovana

Desde pequena eu sempre pensei em ter três filhos. Eu tive uma infância muito feliz, com meus quatro irmãos. Meus pais sempre trabalharam fora e os filhos mais velhos cuidavam dos mais novos, enquanto os mais novos ajudavam os mais velhos a arrumar a casa. Lembro que, aos sábados, depois da faxina, a gente jogava vôlei com bola de meia; nos dias de semana, a gente tomava Ki-Suco e comia pão com mortadela enquanto assistia filme na Sessão da Tarde. Aos sete anos, eu já fazia almoço. Aprendi a cozinhar fazendo receita de bolo que não dava certo. Foi uma infância muito simples, mas muito feliz.

Conheci o Adauthos, meu marido, porque ele trabalhava na mesma empresa que minha irmã mais velha. Foi um dos meus primeiros namorados. Foram oito meses de namoro e um ano e meio de noivado até o casamento em 2003. Fiz faculdade de Geografia e, quando terminei o curso, engravidei da Ana Júlia.

Minha primogênita foi muito querida, muito esperada por mim. A gente ia ao parque, caminhava, ficava muito perto. O pai viajava a trabalho de segunda à sexta e eu me organizava do jeito que queria, limpava a casa no dia que queria, comia a hora que queria... era muito bom. Fiquei grávida do Pedro quando ela tinha onze meses, ainda era bebezinho. Minha intuição sempre me disse que teria um menino. Minhas três gestações foram maravilhosas, não senti nada. Tive a Ana Júlia com 24 anos; o Pedro, com 26; a Giovana, com 30.

Meu filho nasceu superbem, mamou, atingiu todos os marcos de desenvolvimento e depois perdeu funções, teve uma involução. Aos seis meses, ele se sentava sozinho; com sete, queria engatinhar, segurava nos móveis, balbuciava, tinha muita força, era normal. Quando fez oito meses, a bisavó dele, de 90 e tantos anos, começou a notar algo errado. Ela falou assim:

— O Pedro está muito quietinho. Você não acha?

Eu disse que não e ela falou:

— Quero ficar na sua casa.

Veio passar um mês aqui em Uberlândia, seguindo sua intuição. Quis até ir ao médico conosco. Foi quando a gente começou a notar que o Pedro parecia mais cansadinho. Sempre acordava do mesmo lado do berço que o colocávamos para dormir, sendo que, quatro meses antes, ele quase pulava, punha as pernas para fora, era mais ativo. Começou a ficar febril do nada e a perder outros movimentos.

A pediatra decidiu pedir uns exames e sugeriu uma consulta com um neurologista. Eu já fiquei alerta. Quando a gente é mãe, tem um dicionário próprio: "Bateu palminha", "mãe", "pediatra", "chupeta", "parquinho", "carrinho" e tal. A pior palavra é aquela que termina com "ista" ou "ia", de "fisioterapia", "equoterapia" e "fonoaudiologia". Escutar "neurologista", quando você tem um filho pequeno, é igual terremoto, é uma bomba atômica, a Terceira Guerra Mundial, qualquer coisa. Dá um frio na espinha.

Ele fez a ressonância magnética, que apontou uma redução de mielina. Estava até escrito "desmielinização" e um ponto de interrogação, porque todos os sulcos cerebrais, as sinapses e os contornos morfológicos apareciam na ressonância como normais até então. Quando li isso, lembro que fui atravessar uma rua e não enxergava o sol, não via os carros, tudo ficou parado, estático. Fui tomada por uma sensação horrível, como se tivesse tomado um soco no estômago. A neurologista sentou comigo e disse simplesmente assim:

— Pode ser alguma coisa neurodegenerativa, alguma coisa progressiva.

Perguntei o que ela queria dizer e o que deveria fazer. Ela me mandou simplesmente esperar. Eu olhei para a cara dela e falei:

— Porque não é seu filho.

Saí de lá doida e liguei para a pediatra, a Dra. Nádia Maria de Souza, aos prantos. Essa médica teve um papel fundamental no meu psicológico e emocional. Ela me atendeu no consultório dela em um sábado, me mandou arrumar a mala e ir para a Clínica Civil, no Hospital da Criança, em Ribeirão Preto (SP). Lá a geneticista pediu também uma tomografia que acusou duas calcificações bem pequenininhas nos núcleos da base. Eu me lembro que ela falou:

— É, Karol, ele é uma criança que tem alguma coisa especial.

Até então, eu não tinha ouvido uma palavra sobre isso. Uma das coisas que mais me marcou nesses dez anos foi a fala dela, porque usou uma palavra que eu desconhecia na minha vida: "mitocôndria". Uma mãe que tem um filho normal e aparentemente nunca teve nada jamais ouviria isso.

— Então, me explica, doutora, porque parece que eu estou num tiroteio, o tempo está nublado e eu não estou enxergando. Eu não estou entendendo nada.

Ela pegou um papelzinho e começou a me explicar da seguinte forma:

— Uma criança com desenvolvimento normal cresce assim.

Desenhou uma curva no papel e continuou:

— Uma criança com desenvolvimento especial cresce normal? Cresce, mas numa curva assim.

Fez outro risco, mais embaixo.

— O seu filho vai ter uma curva sempre assim. Independente da doença que ele tenha, o nome dela, ele tem um atraso global que já foi identificado.

Lembro-me de olhar o papel por um tempo e dizer:

— Eu não quero ser mãe de especial. Eu não quero que ele seja especial, quero que ele seja simples.

Fiquei apavorada com esse papel. Eu o tenho até hoje guardado. Em todas as consultas, sempre levei máquina fotográfica e gravador. Tenho tudo isso, desde o meu primeiro ultrassom, guardado em mais de seis pastas.

A maneira como o médico conversa e olha para a mãe faz diferença para o resto da vida. Às vezes o que dói não é o nome de uma síndrome rara que seu filho tem, mas o olhar do médico e a forma de se expressar. E essa é uma das coisas que mais me fazem lutar hoje pelo Pedro: mudar a forma como a medicina e as pessoas são, trazer mais humanização. Eu falo para os estudantes que hoje estão se formando que é preciso olhar o contexto, pensar que existe um pai e uma mãe que nunca ouviram falar no assunto, porque isso vai determinar a forma que os pais vão lidar com a questão dali em diante.

Eu voltei muito abalada para casa. Pensei que eu tinha problema, que era errada, que não prestava para nada. Perguntava-me: "Nossa, o que eu fiz? Eu tomei sol? Eu fiquei perto de uma antena telefônica que causou uma mutação genética? Eu fiquei plantando bananeira e deu uma mutação genética?". Você pensa coisas que nada tem a ver, porque quer uma resposta, quer achar uma explicação. A gente pensa que é castigo.

Pela primeira vez, houve um abismo até no meu casamento. Até então, eu e meu marido sempre discutíamos tudo juntos. Naquele dia, eu me sentei no quintal e o pai dele, lá dentro. Ficamos em silêncio. Hoje eu entendo que cada um vê de um jeito, mas, na época, eu não compreendia. Além do diagnóstico do Pedro, eu sofri também por causa disso. Ele só falou que a vida dele era cinza. E ficou uma distância entre nós.

Depois desse dia, fomos em outros médicos — em São Paulo, em Brasília, em Belo Horizonte, em Porto Alegre, e tudo que a gente tinha em mãos era resumido em calcificações intracranianas, hipotonia, intestino preso. Até que a Dra. Nádia, que continuava acompanhando, sugeriu levá-lo na Dra. Nívea de Macedo Oliveira Morales, pediatra da Universidade Federal de Uberlândia que tinha acabado de voltar do Canadá. Lembro-me da consulta como se fosse hoje. Cheguei com o Pedro no colo, quietinho, muito triste. Entreguei a pasta e falei:

— Esse aqui é o Pedro. Tudo que tem está aí.

Ela respondeu:

— Karol, você já fez tudo, foi além do que o neurologista poderia pedir. O que eu posso te falar é que eu vou ler todo esse material, e isso leva tempo. Mas eu vou ler e te ligo.

Meu Deus, como eu rezava por essa mulher. Ela tem um sorriso, uma delicadeza... A primeira coisa que ela me perguntou foi o que eu estava sentindo, depois questionou o que eu via de diferente no meu filho. Achei sensível ela ir além de exames clínicos e de todos os papéis que levava. A humanização do atendimento, o acolhimento, a forma extremamente carinhosa no olhar me fez sair de lá reconfortada e com esperança, diferente de todos os outros médicos.

Um mês e um dia depois, às dez horas da noite, ela me ligou e fui para o consultório dela com o Pedro e a Ana Júlia, já que o pai estava trabalhando. Explicou-me todo o processo:

— Eu fiz igual um investigador: se para ter tal doença tem que ter isso e o exame do Pedro era negativo, eu descartava.

O marido dela, que também é neurologista, disse que mal podia dormir, porque a esposa abria os livros em cima dele de madrugada. Ela passou um mês estudando, investigando, até bater o olho em um artigo de cinco linhas em inglês e ver ali os sintomas do Pedro. As calcificações cranianas, a febre baixa, todos os sintomas de uma doença que é genética, mas demora para desencadear. Esta síndrome se chama Aicardi-Goutieres. Ela explicou:

— Há 50 casos no mundo e é altamente incapacitante, porque vai a óbito muito cedo, Karol.

— Até quando os meninos vivem?

— No máximo até dois anos.

Na época, o Pedro, que começou a manifestar os sintomas aos oito meses de idade, já tinha um ano e seis meses. Eu fiquei tonta.

— A senhora acha que é isso?

— 99% de chance de ser, Karol.

Saí de lá e já não sabia mais dirigir, não sabia onde estava, nada. A doutora imprimiu essas cinco linhas em inglês e, após colocar o Pedro para dormir, eu fui para o computador. Já era de madrugada quando descobri um geneticista na Inglaterra, chamado Yanick Crow, que estudava essa síndrome havia dois anos. Como não falava inglês, fui no Google Tradutor e pus lá: "Eu sou brasileira, sou mãe, meu filho pode ter essa síndrome". Mandei para o homem. Às seis horas da manhã já tinha resposta dele e passamos o resto do dia trocando mensagens — eu escaneava as ressonâncias e exames e mandava para ele, que recebeu o material de todas as pastas, além de fotos do Pedro. O médico se dizia impressionado com a pediatra e com a neurologista que pediram os exames e chegaram ao diagnóstico. Tanto que no congresso, na primeira conferência que a gente foi, ele as elogiou muito.

O primeiro contato com esse geneticista foi em maio de 2008 e, meses depois, aconteceria a reunião das 17 famílias de pacientes. Uma delas tem dois filhos com a síndrome. Eles não são gêmeos; têm uma diferença de dois anos. O encontro foi em Washington (EUA) porque a neuropediatra Dra. Adelaine Vandever também estava estudando os casos. Mandei uma carta para a Embaixada do Brasil e dividi a passagem em 36 vezes. Ele fez um exame lá, que identificou seu código genético e o grau da doença. O mais grave é o Tipo 1, o 2 é médio, e o 3 é mais leve. O Pedro é Tipo 2. Eles estão estudando como a mutação acontece e qual é o fator biológico e ambiental que influencia, já que é uma síndrome de fundo autoimune. O especialista falou que era mais fácil eu me casar com uma pessoa que ganhasse na Mega-Sena acumulada 30 vezes a me casar com uma pessoa que tem o mesmo gene recessivo. Disse, ainda, que a tendência com o tempo era de estabilização. E foi o que aconteceu, porque, desde os dois anos, o Pedro nunca mais teve febre. Eu vim embora feliz, porque vi um paciente mais velho, com 17 anos, nessa conferência. Por outro lado, entendi que essa também é uma síndrome altamente incapacitante. 99,9% dos pacientes usam bota, ventilação mecânica, têm convulsões. O Pedro não precisa de nada disso.

Quando o papel chegou com o diagnóstico, falei:

— Filho, a gente vai fazer um novo caminho, a gente vai construir isso.

Nós ficamos muito ligados um ao outro, porque eu senti que as pessoas só davam opinião. Eu chorava muito de tristeza ao ouvir uma pessoa falar que seria difícil demais. Tinha medo de não dar conta, de não cuidar dele, de não saber fazer e de não dar a melhor estrutura para ele, que já estava na cama sem mexer nada, só os olhos. Tinha muito medo de perdê-lo. Lembro que ia para o quintal sozinha e falava:

— Deus, eu quero ter forças para carregá-lo. Só isso. Eu o quero de qualquer jeito, meu amor é tão grande que eu não me vejo sem ele. Me dê esse merecimento.

Várias vezes eu quis trocar de lugar com ele para que pudesse sentir como é andar, falar... Ele é muito inteligente e esperto do jeito dele. Olha e ri para mim como se dissesse:

— Não, mãe, eu vou te ensinar que a gente pode ver diferente, vou te ensinar que a morte não existe, que a gente pode estar presente nos lugares mesmo distante, e é bobeira a gente pensar se vai embora novo ou velho. Não carece disso.

Ter um filho com uma síndrome tão rara faz a gente mudar a visão sobre a morte para não ter medo. Eu dei à luz ao Pedro e depois ele me deu à luz. Eu pari o Pedro e, no dia em que descobri o diagnóstico, ele me pariu. Ele me salvou da maneira mais bonita que uma mulher pode ser salva. Quando criança, eu imaginava casar com um príncipe em um cavalo, porque a mulher condiciona a felicidade às vezes a um homem, ao amor da vida que vem transformá-la em uma nova mulher. Só que a maior transformação é um filho. O maior presente da minha vida é descobrir e mostrar a mulher que posso ser.

O Pedro me ensinou que o corpo não é nada. Ele sabe a missão dele de mudar a concepção e o olhar, de fazer as pessoas acreditarem nas outras. Eu aprendi que a falta de informação é confundida com preconceito. Quando o Pedro tinha quatro anos, a psicopedagoga da AACD disse que ele estava pronto para ir para a escola e todo mundo perguntou se eu o levaria na Apae. Eu meditei durante dias, em silêncio. Pesquisei na internet e decidi que ele iria para uma escola normal. Metade de Uberlândia me ligou para saber o que eu tinha contra a Apae. Eu amo todas as escolas, que vejo como um caminho, assim como religião. A Apae faz um trabalho magnífico, mas é um processo. Eu acredito que a gente tem que conviver com a diferença, é isso que o Pedro também está me ensinando. Em vez de reclamar da falta de condições, é preciso construir junto o caminho. Foi o que eu fiz com a escola pública, que nunca tinha tido aluno especial, não tinha cuidadora. Nós fomos construindo juntos esse caminho, sem pôr o dedo na cara, sem fazer tempestade em copo d'água, sem ser simplório. Ele está na escola para ser alfabetizado e o professor tem que sair da caixa e enxergá-lo como aluno. Eu quis criar um ambiente amoroso na rua para o Pedro se sentir amado. Fiz um caderno muito interessante ensinando como ele toma água, como demonstra que está feliz... A verdadeira inclusão não é imposta; é conquistada. O Pedro hoje conquistou um monte de amigos sozinho. As crianças são muito espontâneas. Teve uma coleguinha nova do Pedro que olhou sua perna, sua canela e seus braços e falou para o outro:

— Que menino engraçado, ele tem a canela muito fina, está sentado na cadeira de rodas. Por que está estudando aqui?

O outro coleguinha, que já estudava na escola, já tinha se ambientado e descoberto um caminho para se comunicar com o Pedro, respondeu assim:

— Esse aqui é o Pedroca. Ele faz amizade com o sorriso.

Em menos de 30 segundos, ele descreveu o Pedro para a menina, que falou:

— Nossa, que legal, ele faz isso tudo? Quero conhecer.

Eu achei o máximo, porque a menina recebeu aquela informação preciosa de uma outra forma, de um colega que já convivia com o Pedro. Nós somos multiplicadores de como as crianças multiplicam sozinhas as informações. E a escola é esse contexto.

Então, eu fiquei muito feliz de ter criado esse mecanismo em mim, de não depositar tristeza nem revolta nos outros sobre a deficiência, porque notei que o Pedro ficava muito triste, não queria ver sua deficiência refletida nos meus olhos. Um dia eu briguei por uma vaga no estacionamento do aeroporto e, na hora em que cheguei no carro, fiquei com vergonha de mim. Ele estava de cabeça baixa, com uma tristeza no olhar. Comecei, então, a abordar a questão de um jeito diferente. A outra pessoa precisa ser acolhida, não adianta chegar com dez pedras na mão para quem para numa vaga de cadeirante. Às vezes ela está enfrentando uma notícia recente. Tem que cobrar, mas a abordagem tem que ser mais humana. E eu senti que o Pedro fica feliz quando vê isso.

Ele precisa de uma estrutura, mas não é 'a' estrutura. Ele poderia ter a melhor cadeira do mundo, os melhores fisioterapeutas do mundo, ir para os Estados Unidos, mas o que faz a diferença é o incentivo, é dizer: "Pedrão, que massa, você ajudou seu time". Isso vale mais do que a comida que você come, porque é a comida da alma. Eu acredito muito nisso.

E de tudo isso surgiu o Angel Hair, um projeto que, por meio da corrida e da dança, leva para as pessoas, para a comunidade, uma nova perspectiva do olhar sobre a pessoa com deficiência, que é o próprio Pedro. É contar e multiplicar o que a gente vive. É sensibilidade humana e atitudinal. Não é dar estrutura física, mas uma estrutura humana para que as pessoas enxerguem o potencial das outras.

> **"Pedroca, o menino que sabia voar" é o título do livro que apresenta, de forma lúdica, as necessidades e desafios do aluno especial. Escrita por Karol, a história promove a inclusão para crianças, pais, professores e educa-**

dores em geral. A ilustração leva a assinatura de Jótah, que já fez trabalhos para a Disney, a Turma da Mônica e o Castelo Rá-Tim-Bum. A primeira edição do livro foi feita para o Dia Mundial de Doenças Raras, de 2017.

Por um tempo, eu guardava muita coisa e fiquei louca, fiquei com a cabeça branca, envelheci 50 anos em 5, como o JK[1]. Sabia que assim ficaria doente. Um dia o Pedro tinha médico e a Ana Júlia tinha um sarau poético. E o medo de não dar tempo, de criar uma expectativa nela? Eu fico constantemente me policiando para as coisas do Pedro não serem mais importantes do que as dela. Eu me sinto extremamente culpada de, às vezes, o Pedro precisar de uma coisa física e a Gigi falar:

— Mãe, eu queria que você ficasse aqui por cinco minutos para eu te contar o que a minha boneca falou.

Aqueles cinco minutos vão fazer diferença na vida dela. Até que um dia eu enchi três copos d'água e falei:

— Qual tem mais água?

Elas responderam que nenhum. Expliquei:

— Eu gosto de vocês assim.

Até o Pedro olhou para mim.

— Claro, Pedro, você não tem diferença.

É igualzinho, não tem diferença nenhuma. É uma luta, porque constantemente eu sinto que tenho que fazer concessões. Já chorei litros, mas, às vezes, me lembro: "O amor só faz conta de multiplicação".

Na Páscoa, vi uma mãe pegando a mão da filha para tirá-la de perto do Pedro. Com o coração sangrando e um sorriso no rosto, pensei por que aquela mãe queria privar a criança dela de um mundo tão rico. A gente grita tanto querendo se fazer entender

1. "50 anos em 5" era o lema do programa de governo do ex-presidente Juscelino Kubitschek (1956-1961), que prometeu acelerar o desenvolvimento do Brasil.

em vez de ficar em silêncio e ver o que o outro quer passar. Decidi que aquela seria uma oportunidade rica para a mãe, não para a menina, porque criança não entende isso. Então, eu cheguei perto dessa mesma menina e falei:

— Você cantou muito bonito com a Gigi. Eu sou mãe dela e esse é o Pedro, meu filho do meio. Ele tem uma doença rara, difícil, por isso ele está sentado na cadeirinha de rodas. Mas o Pedro é muito feliz. E vou te contar um segredo: ele adora cabelo comprido como o seu. Chega perto dele, sem falar nada, e você verá como ele ri.

A menina ficou morrendo de medo primeiro, depois olhou para ele e aproximou o cabelo dela. Ele riu e fomos embora. Fico triste ao ver que as pessoas são muito intolerantes, mas eu não perco a oportunidade de mostrar para o meu filho um mundo que não tem nada de ruim. A gente só tem medo de ficar igual aos outros porque acha que é feio. Eu sempre falo:

— Pedro, é isso, vamos plantando a semente.

Em busca de si mesma

A vida de Luana tinha tudo para ser perfeita. Sua infância foi pobre, em um bairro no extremo da Zona Norte de São Paulo, mas nada lhe faltou. Embora tivesse duas irmãs mais novas, Luana era a princesinha do papai.

Só que essa mãe rara se casou às pressas após engravidar, deixando para trás qualquer sonho de independência e liberdade. Aprendeu na marra a cuidar da casa e dos outros. Passou um aperto quando Luan nasceu prematuro. Ao engravidar de Luara, foi abandonada pelo marido e asfixiou a solidão com as próprias mãos na luta pela sobrevivência. Focou sua atenção, durante dez anos, na rotina da família e nos cuidados exigidos por uma doença tão rara e tão delicada. Embora dedique as madrugadas à produção de pão de mel, vive mesmo de doações, que surgem de vários cantos, de famosos e anônimos. Luana multiplica cada benção que recebe, seja em forma de dinheiro, roupas, bens materiais ou informação, com outras famílias tão vulneráveis quanto a sua.

É esse coração declaradamente aberto ao próximo que a fez, mesmo com tantos desafios, acolher o sobrinho, criá-lo e amá-lo como um filho. Quem os vê juntos não duvida do laço existente entre eles. Poucas vezes vi um olhar tão puro e amoroso quanto o de João Gabriel para ela.

Quando conheci Luana em um evento de doenças raras, ela já tinha dois apostos: a moça que faz os pães de mel maravilhosos e a mãe da Luara Crystal, a menina dos ossos de vidro. Aos dez anos, a delicada e sagaz garotinha ficou muito popular após uma campanha do Teleton. Tem perfil no Instagram, com mais de 30 mil seguidores, e já apareceu ao lado de Silvio Santos, Ratinho e Xuxa. Este último encontro foi muito especial para a filha e também para a mãe, uma baixinha assumida que sonhava em ser paquita. E para mim também, porque, sabendo da paixão de Luana pela Xuxa, escrevi uma carta para o programa, que na época incluía uma visita da apresentadora à casa da pessoa. Xuxa fez uma doação destinada a tornar a casa adaptada para Luara, mas o valor não foi suficiente. Esse ainda é um desejo de Luana.

A maternidade fez aflorar nela, que sempre foi colada no pai e distante da mãe, uma coragem e uma força até então desconhecidas. Ela aprendeu a cuidar sozinha de uma criança que coleciona, desde o nascimento, dolorosas fraturas.

Aos dez anos, Luara tem estatura de três, não anda e não pode nem lavar o cabelo sozinha. Vive em uma casa que não é adaptada e se locomove entre os espaços e móveis em cima de um pequeno skate. Só que sua mãe a tornou uma heroína de mente afiada, empoderada pela consciência de sua condição. É bem resolvida, cheia de autoestima e de amor por essa mãe rara, que, após dez anos, hoje olha para si e tenta se redescobrir.

Foi essa mulher, em plena transmutação, que me recebeu em sua casa simples, na divisa entre São Paulo e Guarulhos. Esta é a história que ela me contou.

Luana Ribeiro, mãe do Luan Kelvin, da Luara Crystal (paciente de Osteogênesis Imperfecta) e mãe de criação do sobrinho João Gabriel

Minha infância foi muito bacana. Eu cresci dentro desse bairro. Sou a mais velha de três meninas. Apesar de pobre, a vida era boa. Quando ia fazer faculdade de enfermagem, engravidei do primeiro filho. Eu tinha 17 anos e namorava o pai dos meus filhos fazia três anos.

Na verdade, eu comecei a gostar dele com doze anos de idade, mas meu pai não me deixou namorar. Ele sempre foi muito general, muito certinho para tudo. Eu não sabia, mas ele estava economizando para comprar um carro para quando eu completasse dezoito anos. Quando engravidei, meu pai cancelou o consórcio. O que era para ser liberdade, acabou. Me deu um mês para o casamento. Logo eu, a filhinha do papai, que nem sabia lavar louça. A primeira calça jeans que lavei, eu coloquei tanto sabão em pó na máquina que ela secou em pé. Eu não sabia fazer nada.

Nós alugamos uma casa aqui para cima. Meu marido tinha dois empregos e me mandou pegar ônibus para fazer pré-natal. Com seis meses de gravidez, meu filho nasceu. Era 22 de março, um mês depois dos meus 18 anos. O Luan era o menorzinho do hospital. Nasceu com 1,3kg, mas chegou a pesar 1kg.

Com um mês e meio, pegou uma infecção hospitalar no intestino, fez uma biópsia, ficou com colostomia por mais de um mês e teve uma parada respiratória, bem na minha frente. Hoje as mães podem acompanhar, antigamente não. Um dia eu cheguei para a visita e estava todo mundo em cima dele. Foi aquele desespero! Os médicos falavam que, se ele sobrevivesse, seria com sequelas. Graças a Deus, não teve nenhuma.

Esse período foi difícil, mas eu tinha o apoio do pai dele. Quando eu não podia ir ao hospital, ele conseguia uma folga e me substituía. Eu falo que as questões do Luan foram muito mais complicadas do que as da Luara, porque a gente não sabia realmente se ele sobreviveria. Há 17 anos, tudo era mais complicado, eles escondiam muitas informações, eu não sabia nem se podia ler o prontuário. Quando estava tudo bonitinho, já com alta marcada, ele teve outra infecção e ficou mais um mês em isolamento total. A alta mesmo ocorreu só com três meses e meio de vida, mais ou menos.

Quando o Luan completou três anos, a gente tentou engravidar de novo. Eu sempre cismei que ia ter dois filhos, o Luan e a Luara. Tentamos por um ano, mas não consegui. Nessa época, eu comecei a fazer o curso de auxiliar de enfermagem e meu marido não aceitava. O casamento entrou em crise por várias questões e, quando estávamos para nos separar, engravidei.

Sempre fui sozinha ao pré-natal. Ele dormia em casa em dia de semana, e ia para a casa da mãe nos fins de semana. A minha esperança era que, quando a nenê nascesse, ele caísse em si e voltasse de vez. Eu gostava dele — foi meu primeiro namorado, meu primeiro homem. Eu tinha aquela visão "mamãe, papai e filhinho para sempre".

Durante toda a gravidez, eu sentia que tinha alguma coisa diferente, mas o médico falava que era medo pelo que aconteceu com meu primeiro filho. Eu estava saudável, tudo estava tranquilo, então me convenci de que era somente insegurança. Todo mês eu fazia o ultrassom morfológico e, no último exame, já no oitavo mês, o médico constatou que a Luara não esticava a perna. Disse:

— Mãe, tem algum probleminha. A gente não sabe o que é, se é uma displasia óssea ou se é uma fratura.

Eu disse:

— Então vamos fazer o seguinte: eu não quero mais parto normal.

O médico até insistiu, porque eu era saudável, mas eu sabia que no parto normal quem faz a força é a criança. Se ela tivesse uma fratura, ela sofreria muito mais. Na época, ele falou que era uma deformidade óssea, como se fosse um tumor. A família inteira se preocupou com o tumor, e eu me preocupei com a fratura. Quando soube que a Luara tinha algum problema, o pai já não apareceu mais.

Marcamos a cesárea contra a vontade do médico e, assim que a Luara nasceu, a obstetra falou que o lado direito dela estava totalmente paralisado. Enquanto eles me limpavam, eu pensava: "Se está só paralisado, a terapia resolve com o tempo". Foi a única memória que eu tenho disso. Ela chorava muito e acho que já era dor. O pessoal ainda brincava que "tal mãe, tal filha", porque realmente eu sempre fui muito chorona.

Quando fui para o meu quarto, minha família e o pessoal do curso estavam todos lá para me fazer uma surpresa. Ninguém sabia de nada ainda. Estava tudo pronto: o bercinho bonitinho da Luara, o enfeite de porta, até que eu soube que ela não viria para o quarto, pois ficaria na UTI. O meu drama de seis anos antes estava de volta. Somente depois de três horas, um médico que estudou no Canadá apareceu, fez todo mundo sair e disse:

— Olha, eu sou especialista. A sua filha tem uma doença rara chamada Osteogênese Imperfeita.

O diagnóstico foi feito ali, três horas depois do parto.

— É uma doença rara que é conhecida como "ossos de vidro". Você já ouviu falar?

Na hora me veio à memória um Teleton de quando eu ainda era solteira, nem tinha meu primeiro filho, nem imaginava que teria filho, sobre uma mãe que ia dar banho e quebrava a criança. O médico continuou:

— A partir de agora, eu quero que você saiba que a sua luta será grande — isso se ela sobreviver, porque já nasceu com mais de 15 fraturas. A gente não sabe o que vai ser daqui para a frente.

Ela nasceu no Hospital Santa Joana, uma das melhores maternidades de São Paulo, e eu via a preocupação estampada no rosto de todo mundo. Eles tinham recebido uma criança com osteogênese muitos anos atrás. As pessoas pensam que é a falta de cálcio, mas não é. A Luara não produz colágeno, que é o que dá sustentação para o osso. Por isso, eles têm uma flexibilidade maior, os ligamentos frouxos e as fraturas acontecem com facilidade.

A primeira vez que ouvi o termo "doença rara" foi quando a Luara nasceu. Até então, eu tinha somente contato com crianças especiais. Tive um primo com paralisia infantil e conhecia uma moça aqui na rua, mãe de três filhos com deficiência. Uma era deficiente intelectual e, quando ela estava tomando o sol, a gente passava e tinha medo dela. Essa era a minha visão na época. Eu acompanhei o período de escola do meu primo com paralisia infantil — toda a questão do preconceito, fui na AACD, era essa a lembrança que eu tinha.

Então, quando a Luara nasceu, eu comecei a pensar: "Como vai ser?" Eu liguei para o meu marido e ele não quis me atender. Eu precisava registrar a criança para poder colocá-la no convênio, mas ele não aparecia de maneira alguma. Bati em uns três cartórios, até que, no último momento, o cartório do próprio Santa Joana me deixou registrá-la, porque eu ainda tinha a certidão de casamento e a certidão de nascimento do Luan. Por telefone, meu marido me falou:

— Luana, eu sei que a Luara é minha filha, só que eu não quero responsabilidade.

Entrei com advogado para fazer o exame de sangue para o mapeamento genético e só assim ele apareceu. Ele entrou no hospital e nem olhou a Luara na incubadora. Ele já sabia que ela tinha uma deficiência e resolveu sumir de vez. Na cabeça dele, caso se aproximasse do Luan, também teria que se aproximar da Luara, e isso ele não queria.

O exame constatou que nem da minha parte e nem da parte dele havia problema. Foi uma mutação genética. De acordo com o médico, toda mulher que engravida tem 3% de chance de parir uma criança com algum tipo de deficiência, e eu caí nesses 3%.

A primeira visão que tive da Luara foi a de uma bebezinha toda engessadinha, com o pé preto e com uma bolsa de água quente. Como tinha estudado enfermagem, eu tinha uma noção de que a minha filha não tinha circulação nenhuma. Eu sempre aceitei de cara, nunca me questionei por que isso tinha acontecido comigo. Quando eu a vi, ainda na sala de parto, e a beijei, o amor já era incondicional. O meu sonho era ter uma filha menina, sempre quis um casal. Eu falei: "É o meu momento de ter o meu casal".

Todo mundo tem dó, muita gente me dizia para pedir para Deus levá-la. Meu pai me abraçava muito; já minha mãe ficou sem falar comigo por um período. Eu acho que ela não queria que eu visse a reação dela. Depois veio falar comigo por telefone, chorando muito, e disse que não conseguia ter essa força que eu tenho. Foi onde eu vi que realmente o negócio era grave. A partir daí, eu me vi sozinha.

Para o Luan foi mais complicado, porque ele cantava muito para a minha barriga e falava que era o pai da Luara, já que o meu marido não estava vindo mais. Ele dormia agarrado com a minha barriga, e a Luara só parava de se mexer depois que o irmão dormia. Ele cantava para ela sempre a mesma musiquinha antes de dormir. Depois de um mês que a irmã nasceu, Luan falou:

Mamãe, você está mentindo pra mim. A minha irmã nasceu e morreu, e você não quer me falar.

Foi aí que eu comecei a ver como tudo isso mexe com a estrutura da família. Precisei pedir permissão à direção do hospital para que autorizassem a entrada do Luan na UTI e eles abriram uma exceção. Fomos à noite, depois que todo mundo já tinha ido embora, até para que as outras mães não presenciassem. A Luara vivia sedada por conta das fraturas, não acordava de jeito nenhum. Quando o Luan chegou e tocou na mãozinha dela, o batimento foi lá em cima. Ele sorria e falava com ela. Foi uma cena muito emocionante porque ela fazia força para abrir os olhos. Todo mundo veio ver achando que tinha virado alguma coisa.

Quando vi essa emoção dos dois, entendi que estava abandonando meu filho e que ele precisava de mim também. Só que a necessidade da Luara era maior.

Lembro que a única coisa que questionei foi por que o pai abandonou a menina. A minha preocupação era somente como eu seguiria com a minha filha. Como eu trabalhava e era registrada, peguei o período de licença-maternidade com as férias. Passei também no psiquiatra, que falou que a única maneira de ganhar mais tempo seria alegar depressão pós-parto. Assim, eu ganhei mais dois meses pelo INSS.

Todos os dias eu ia para o hospital. Durante uns 15 dias meu pai me levou, mas ele também trabalhava e eu não podia modificar a rotina da família inteira. Comecei a ir sozinha, cheia de pontos. Eu não tinha carro, então pegava ônibus e metrô. Chegava lá por volta das nove horas da manhã e só saía quando a UTI fechava, às 10 horas da noite. Da primeira vez que tentaram colocá-la no meu peito, quebraram a mandíbula dela. Até então, ela só ficava dentro da incubadora. Eu fazia carinho e dava banho nela com um chumaço de algodão. Os médicos não me deixavam pegá-la, tinham medo. Ficou dois meses e sete dias internada.

Quando teve alta, o hospital queria que ela viesse de *homecare*. Apesar de ser muito nova, sempre fui muito madura nessa questão, porque eu falava que tinha que lidar com essa deficiência, que ela teria para o resto da vida. Eu não queria um médico e um hospital dentro da minha casa todos os dias; queria cuidar da minha filha. Eles diziam:

— Luana, não dá. Ela se quebra muito.

Eu respondia:

— Mas se ela se quebrar na minha mão, vai se quebrar na mão do médico também. Qual é a diferença? Eu quero estar perto da minha filha.

Quando peguei a Luara pela primeira vez com ajuda de um travesseiro, ela tinha um mês de vida. Fiquei vinte minutos com ela no colo. Nasceu perfeitinha, você não notava a deficiência. Depois de 15 dias, começaram as deformidades. Com um mês, ela começou a tomar o pamidronato[1] dentro do hospital. Eu não sabia de nada. Comecei a pesquisar, vi muita coisa feia e parei. Tudo que passo para as mães eu aprendi sozinha, porque os médicos falavam que a Luara não sobreviveria. Eu falei: "Vamos fazer o seguinte? Seja o que Deus quiser. Se Deus permitir que ela viva comigo um mês, ela vai viver um mês".

Eu saí do emprego em que trabalhava como assistente administrativa. Já estava para fazer outro curso e tinha um hospital engatilhado para trabalhar, onde começaria com um salário ótimo. Por conta da Luara, tive que parar tudo. Antes, eu trabalhava e o meu dinheiro era para salão de beleza, para comprar roupa para o meu filho e para as minhas mordomias. Eu gostava de ir em restaurantes bacanas, em lugares legais; não sabia o que era pagar uma conta de luz e uma conta de água. Depois da Luara, eu comecei a viver de doação. Eu só me reergui dois anos atrás. Liquidei todas as dívidas que estavam no meu nome. O pai dela, quando foi embora, estava devendo três meses de aluguel, e a dona nunca tinha me falado nada. Cheguei a dever seis meses para ela, porque não tinha de onde tirar. Hoje eu consigo me manter só fazendo pao de mel. Pago dois aluguéis — o de casa e o da fábrica, onde instalei a máquina que ganhei do Ratinho.

Uma vez ela quebrou o fêmur e o hospital não me atendeu, porque o convênio havia sido cancelado pelo pai dela, e eu nem sabia. Fui para o hospital público e quase fui presa, acusada de maus tratos, porque ela não tinha cadeira de rodas. Cheguei lá, com ela em cima do travesseiro, e eles chamaram a assistente social, o conselho tutelar, polícia, essas coisas. O médico dela ligou lá, deu o CRM dele, mandou a ambulância ir me buscar e ela foi atendida no hos-

1. O pamidronato é um medicamento de uso injetável que ajuda a regular a quantidade de cálcio no sangue.

pital de sempre. A partir daí, o hospital começou a me ajudar. Toda vez que ela fraturava algo e ficava três dias internada, o médico dela pagava metade e o hospital pagava a outra metade. Depois, consegui fazer um convênio. Os dois anos de carência foram muito complicados. Fiquei nessa briga: falia um, migrava para o outro; agora eu estou com um convênio péssimo, que não atende nada. Há três anos, quem paga é uma voluntária da AACD.

O Luan, hoje com dezessete anos, mora com a minha mãe, aqui do lado, mas todos os gastos dele são meus. Meu pai ajuda na questão da alimentação, mas as demais despesas são por minha conta. A Luara já é uma benção, e o João é o complemento dessa benção. A minha irmã casou de véu e grinalda, só que ela também tem uma filha com deficiência, da mesma idade da Luara. Tem um tipo de paralisia cerebral junto com autismo. A gente só descobriu que ela estava grávida do João quando ele já tinha nascido. O pai dele, graças a Deus, é um trabalhador, uma pessoa de bem. O João nasceu prematuro, era muito pequenininho, teve pneumonia e, depois de uma chuva que destelhou a casa deles, eu pedi para ela deixá-lo comigo. Ele tinha seis meses. Era para ficar uma semana e está até hoje. O pai tem a guarda e total consciência de que eu sou a mãe. Final de semana é dele, faço questão. Mas nem ele nem ninguém tem coragem de separar o João da Luara, e o que eu acho mais bacana é que ele termina sendo não só o pai do João, como também o pai dela. Tudo que ele faz para o João, faz para a Luara. Se ele chega com uma caneta para o João, tem uma caneta para a minha filha também.

Quando o João veio, eu fui muito criticada pela família:

— Como você, com toda a correria da Luara, ainda vai pegar o seu sobrinho para criar?

Eu falei que onde come um, comem dois. Passo dificuldade? Passo, não vou falar para você que não, mas hoje eu vejo que a minha vida é para eles. É difícil, três filhos? É, mas ele veio para completar a família. E eu fui privilegiada, porque o amor que ele tem pela Luara, o Luan, que é irmão de sangue, não tem. O amor do Luan é diferente, porque, na cabeça dele, o pai foi embora por causa dela, então ele a culpa pela separação. E tem outra: quando a Luara chegou, a atenção foi toda para ela, por isso eu entendo a cabeça do Luan também. Já o João, não, ele entende que tudo que é dele é da Luara também. Esses dias eu saí com ele para ir ao McDonald's, só nós dois, e ele queria esperar a irmã. Ele foi, mas ficou infeliz sem ela. Comeu a minha batata e guardou a dele para ela.

Eu não aceito ver a Luara como coitada, tanto que não a trato assim. Ela tem dez anos e parece ter três. Às vezes eu até esqueço da questão da idade e da deficiência, porque a Luara é muito adulta para muita coisa e então você conversa de igual para igual.

A expectativa de vida é normalmente até os 40 anos. Os órgãos crescem normais, só que ficam comprimidos, porque a caixa torácica deles é pequena. Eles são pequenos — a estatura máxima que podem atingir é 1,40m. E o problema é esse, porque terminam tendo insuficiência respiratória. A complicação normalmente é essa. Os dentes também terminam sendo grandes para o tamanho da boca, então é preciso tirar alguns.

A Luara não anda, a cadeira fica lá fora e dentro de casa ela fica no skate e dele passa para o sofá. Ela está com uma escoliose bem ruim, mas tem criança em situação muito pior com dez anos. Toda vez que eu a ponho para andar, ela se machuca. Teria que fazer uma cirurgia, ter uma haste telescopada que cresce conforme ela cresce. A dela não é essa, porque ela não tem calibre para isso, e é um sofrimento toda vez que fica em pé. Ela já está acostumada com a cadeira. Uma vez eu estava preocupada com isso e, quando toquei no assunto, ela falou:

— Mãe, desde quando eu dependo das minhas pernas para ser feliz?

Ela tem essa consciência, então acho que facilita. Por ora, eu desisti. Ela se vira bem na cadeira. Agora eu quero ver se acho uma casa maior para fazer adaptações melhores para ela. Por exemplo, ela toma banho sozinha, mas na hora de lavar o cabelo, ela não alcança, porque o braço é tortinho. Eu tenho que lavar, mas a minha coluna dói demais para isso, para colocá-la na cama, para trocar a fralda, o gesso... A Luara é super de boa com tudo. Eu falo sempre que eu a preparo para o mundo, mas será que eu vou estar preparada para ficar sozinha?

> **A Osteogênese Imperfeita acomete uma em cada 20 mil pessoas. No Brasil, uma delas é a baiana Glady Maria da Silva, que tem mais de 50 anos, é formada em Psicologia e cursa a segunda pós-graduação. Na Inglaterra, outra paciente de ossos de vidro tomou conta do noticiário ao se casar e se tornar, com ajuda de uma barriga de aluguel, mãe de um menino. Com dezenove meses, o bebê já era maior que sua mãe rara, Marie Andrews.**

Penso nisso porque, na verdade, todo esse período em que eu me vi sozinha, eu não tinha a noção real de como era a minha vida, não sabia que era tão corrida assim. Durante uma internação da Luara, eu fui diagnosticada com depressão. Tomei um monte de remédio porque não queria mais viver. Mesmo sabendo que a internação dela era tranquila, só para reabilitação, eu não queria mais.

Na época, a Rafa, minha amiga, tinha ido embora e eu me vi de novo sozinha. Nós moramos sete anos juntas. Eu tive nela o apoio que eu queria ter visto na minha mãe talvez, que não tive de mais ninguém. Quando ela foi embora, caiu toda a ficha, vi que não aguentaria sozinha. Eu, literalmente, caí. Um pouco antes, eu tinha achado uma psicóloga que queria que eu passasse no psiquiatra antes da Luara internar, porque, do jeito que estava, ela achava que eu não aguentaria. E nem tinha falado para ela sobre a tentativa de suicídio. Ir para o hospital foi um período muito bom e, ao mesmo tempo, muito ruim, porque eu nunca tinha tido esse tempo para parar e pensar. Eu nunca tinha passado 21 horas em uma cama dormindo. Foi ali que percebi que eu não tinha vida: eu trabalhava a madrugada inteira, de manhã colocava as crianças na escola, dormia um período de três horas, acordava, continuava fazendo chocolate, as crianças chegavam da escola e tinha coisas para resolver, colocava-os para dormir, voltava a trabalhar... Minha vida era essa e foi essa por dez anos. Eu tive uma leve depressão no início da deficiência, mas hoje eu vejo que o que eu sentia antes era totalmente diferente. Era medo. Dessa vez que eu parei e vi toda essa loucura.

Quando a Luara passava no psicólogo da AACD, eles falavam: "Luana, a Luara é super de boa com a deficiência. Não tem o que conversar com a Luara dentro da sala, porque ela leva tudo na brincadeira". E foi a minha filha quem percebeu que eu estava triste, porque deixei de ir para o pilates, de fazer as coisas para eles. Ela dizia que queria ir comigo só para me fazer sair do quarto. Eu chorava muito, ficava sozinha num canto, e eles dois, no outro. Ela contou para a psicóloga, que veio conversar comigo e eu expliquei. Comecei a conversar e falei do suicídio para eles. Estava numa tristeza muito grande. Conversei, então, com uma psiquiatra, que me orientou com medicação. Minha família foi chamada e eu contei que estava com esse pensamento de me matar, que já tinha tentado suicídio. Minha mãe falou que depressão era frescura, que eu não tinha motivo. A psiquiatra falou:

— Ela é muito mirradinha, muito pequenininha para ter tudo isso de compromisso, então eu estou chamando vocês para dividirem os compromissos, porque ela não vai aguentar.

A minha preocupação era: "E se eu morrer, como vão se virar?". Ninguém vai substituir a mãe, isso é fato. Eu tenho consciência de que tudo que faço pela Luara ninguém vai fazer. Só que hoje eu confio muito nela. Apesar de ter dez anos, ela é muito madura para certas coisas. Muito infantil para outras, mas muito madura para certas coisas. A Luara tem toda uma independência, que, se de repente ela precisar ficar com você, eu fico despreocupada, porque ela sabe se virar, sabe falar o que pode e o que não pode fazer, sabe falar onde é o médico dela, onde é tal consulta, sabe tudo. A Luara é do tipo que nada a deixa com vergonha. Uma vez lá no hospital, uma menininha perguntou por que ela tinha o bracinho torto. E ela tirou onda:

— Porque eu faço muita musculação.

As pessoas confundem muito a vida social que a gente tem com os filhos com a nossa. Eu saio sempre em função da Luara. Larissa Manoela, por exemplo, não é um show que eu quero ir, é uma artista que a Luara gosta. Eu não namoro e não me faz falta. Como a minha vida é agitada o dia inteiro, quando eu deito na cama, não venha mexer comigo, eu quero dormir. O pessoal fala que estou sozinha porque quero e, realmente, é porque quero mesmo. Uma vez a gente foi fazer um projeto de transformação, de maquiagem e cabelo. Colocaram-me de frente para o espelho e perguntaram: "Quem é a Luana?". Eu não soube responder, além de "Sou mãe e a mulher do pão de mel".

O que eu sinto falta é de ficar comigo mesma. Esse é um tipo de solidão, não é? Eu tenho que aprender a ser independente sozinha, sem ninguém, sem filho, sem pai, sem nada. Inconscientemente eu já sou, mas a sensação que dá é que eu preciso sempre de alguém para fazer as minhas coisas e, na verdade, não é assim.

Eu não sei como seria a minha vida sem a Luara — primeiro, porque esta é, para mim, uma coisa muito difícil de lidar. Eu trabalho com essa questão da morte desde criança, sempre tive muito medo de perder meu pai. A cada ano que passa eu sei que é um dia a menos na vida dele. Depois que a minha filha nasceu, esse medo aumentou, porque eu sei que pode acontecer. Nesse período da depressão em que você para e pensa muito mais nas coisas, eu comecei a pensar e não sei como vai ser se a Luara morrer. Todo mundo fala: "Mas você tem os outros filhos", mas eles estão se encaminhando, estão bem, aparentemente não estão precisando de mim.

Sabe aquela pergunta: “Por que comigo?” Eu penso: “Por que não comigo?” Eu não sou diferente de ninguém, não me sinto especial. Eu só me tornei diferente depois do nascimento da Luara. Eu sempre fui muito sensível para a vida, sempre valorizei muito as pessoas. A Luara aflorou muito mais isso em mim — valorizar as pequenas coisas, o que a pessoa tem de melhor e não o que pode me oferecer. Sempre falo para ela: “Nunca se aproxime de alguém pelo que ela tem para oferecer, mas pelo que a pessoa é”. Acho que é isso que consegui enxergar melhor.

Nesse período todo, de dez anos para cá, a única realização pessoal que eu tive foi o carro e a Xuxa. Uma coisa pessoal, um sonho meu, uma coisa que eu queria ter. As outras coisas são deles, eu estou vivendo a vida deles, o sonho deles. Por isso que eu digo que, sinceramente, hoje eu queria estar sozinha, ter um período de uma semana sozinha numa praia, tentar ler um livro completo. Hoje o que eu queria é isso: tempo para mim.

Termos técnicos e siglas usados neste livro

AACD: Sigla de Associação de Assistência à Criança com Deficiência, foi criada em 1950 pelo ortopedista Dr. Renato da Costa Bomfim. É hoje referência nacional em reabilitação de pessoas com deficiência física. Conta com dez unidades, espalhadas por quatro estados brasileiros.

ABDIn: Sigla de Associação Brasileira de Diversidade e Inclusão, foi criada em 15 de junho de 2015 por profissionais e estudantes ligados ao Instituto de Biologia da Universidade Federal Fluminense (UFF) para difundir conhecimento e contribuir para o desenvolvimento da diversidade e inclusão no Brasil e no mundo.

ABSW: É a primeira entidade filantrópica de apoio e suporte às pessoas com Síndrome de Williams e seus familiares no Brasil. Foi criada em 2002.

Adone: Sigla de Associação de Doenças Neuromusculares do Mato Grosso do Sul. É uma associação sem fim lucrativos, formada por portadores de doenças neuromusculares, pais, amigos e simpatizantes, com o objetivo de trocar experiências e informações, além de unir esforços em torno de interesses comuns em curto, médio e longo prazo.

Ambu: Ressuscitador manual.

Apae: Sigla de Associação de Pais e Amigos dos Excepcionais, foi criada em 1954, com a missão de promover a atenção integral à pessoa com deficiência intelectual e múltipla. Conta hoje com mais de 2 mil entidades filiadas, em 24 estados brasileiros.

Apneia: interrupção da comunicação do ar atmosférico com as vias aéreas e pulmões, ou seja, ato de prender a respiração. A palavra apneia vem do latim e significa ausência de entrada de ar.

Atrofia Espinhal Progressiva: A AEP é uma doença autossômica causada por mutações no gene SMN1, localizado no cromossomo 5. Apresenta, entre os sintomas, atrofia e fraqueza musculares devido à degeneração dos neurônios motores.

AVC: Significa acidente vascular cerebral (AVC), também conhecido como derrame cerebral.

Bullying: Anglicismo utilizado para descrever atos de violência física ou psicológica, intencionais e repetidos, praticados por um indivíduo ou grupo de indivíduos, causando dor e angústia e sendo executadas dentro de uma relação desigual de poder.

Capacitismo: A discriminação e o preconceito social contra pessoas com qualquer tipo de deficiência.

Cianose: Sinal ou sintoma que pode ser notado por meio da coloração azul-arroxeada da pele, embaixo das unhas ou nas mucosas. A cianose ocorre devido à má oxigenação do sangue arterial.

Colostomia: É um procedimento cirúrgico no qual é feita uma abertura na parede do abdômen e uma conexão com o intestino para eliminação de gases e fezes.

Cuidador: Indivíduo que presta cuidados ao enfermo, podendo ter ou não vínculo familiar com ele. Existem dois tipos de cuidadores, o formal e o informal. O cuidador formal é um profissional preparado em uma instituição de ensino para prestar cuidados no domicílio, segundo as necessidades específicas do cliente; o cuidador informal, no entanto, é um membro da família ou da comunidade que presta cuidado de forma parcial ou integral.

Cuidados paliativos: Assistência promovida por uma equipe multidisciplinar que objetiva a melhoria da qualidade de vida do paciente e de seus familiares, diante de uma doença que ameace a vida, por meio da prevenção e alívio do sofrimento, da identificação precoce, avaliação e tratamento de dor e demais sintomas físicos, sociais, psicológicos e espirituais.

Desmielinização: Inflamação na bainha de mielina, uma camada lipoproteica que integra o Sistema Nervoso Central e Periférico.

Dia Mundial de Doenças Raras: 29 de fevereiro é o dia Mundial de Conscientização das Doenças Raras. O dia foi escolhido por só ocorrer a cada quatro anos. Nos anos que não são bissextos, usa-se o dia 28 de fevereiro.

Doença degenerativa: É aquela que vai gradualmente comprometendo funções vitais.

Doença progressiva: É aquela que piora ao longo do tempo. Pode envolver mais partes do corpo, provocar mais sintomas ou causar sintomas mais graves à medida em que o tempo passa. Algumas doenças progressivas pioram rapidamente, enquanto outras progridem mais lentamente.

Doença rara: De acordo com o artigo 3° da Portaria 199 de 30 de janeiro de 2014 que instituiu a Política Nacional de Atenção Integral às Pessoas com Doenças Raras no âmbito do Sistema Único de Saúde (SUS), considera-se doença rara aquela que afeta até 65 pessoas em cada 100 mil indivíduos, ou seja, 1,3 pessoas para cada 2 mil indivíduos. Essa definição é adotada no Brasil. Outros países têm definições diferentes.

Eletroneuromiografia: Método de diagnóstico neurofisiológico usado na avaliação diagnóstica e prognóstica das doenças dos nervos periféricos, plexos, raízes, neurônios motores espinhais, além dos músculos e junções neuromuscular.

Fasciculação: Contração muscular pequena, local, momentânea e involuntária que pode ser visível sob a pele ou detectada mais profundamente com eletromiografia.

Gastrectomia: Procedimento cirúrgico no qual é retirada uma parte ou a totalidade do estômago. Veja também Nutrição enteral.

Gastrostomia: Intervenção cirúrgica que consiste na abertura de um orifício na altura do estômago para a introdução de alimentos.

Hiperacusia: Acuidade auditiva exacerbada, com audição dolorosa de certos sons, sobretudo os agudos.

Hipercalcemia: Nível elevado de cálcio no sangue. Ocorre quando a entrada de cálcio na circulação excede a excreção de cálcio na urina ou deposição nos ossos.

Homecare: Do inglês, cuidado em domicílio. É uma especialização da área de saúde alternativa à visão hospitalocêntrica, ou seja, os profissionais de saúde vão à casa do paciente para tratá-lo, evitando seu deslocamento ou internação. O serviço é coberto pelos planos de saúde, que oferecem a atenção de enfermeiros, fisioterapeutas, médicos e outros profissionais em seu lar.

Instituto Vidas Raras: Criado em 2001 como Associação Paulista Familiares e Portadores de Mucopolissacaridoses e Doenças Raras (APMPS). Formado por pais de pacientes com Mucopolissacaridoses, é uma organização não governamental sem fins lucrativos voltada à divulgação, orientação e apoio aos familiares, amigos e pacientes dessas síndromes.

Jejunostomia: Cirurgia que consiste em criar uma boca no jejuno para alimentar o paciente com retração do estômago. Veja também Nutrição enteral.

Leucodistrofia metacromática: Doença rara e genética, que afeta nervos, músculos e comportamento pela degeneração da mielina do Sistema Nervoso Central.

LOAS: Nome comumente utilizado para se referir ao Benefício Assistencial (ou Benefício de Prestação Continuada - BPC). O benefício corresponde a um salário mínimo mensal pago pela

Previdência Social para pessoas que não possuem meios de prover a própria subsistência ou de tê-la provida por sua família. Os beneficiados são idosos com mais de 65 anos ou pessoas com deficiência que vivenciam estado de pobreza/necessidade (renda familiar per capita inferior a um quarto do salário mínimo). O Benefício Assistencial é garantia constitucional do cidadão, presente no art. 203, inciso V da Constituição Federal, sendo regulamentado pela Lei 8.742/93 (Lei Orgânica da Assistência Social - LOAS).

Mãe rara: Termo que designa a mãe de pessoa com doença rara.

Mães de hospital: Termo usado para designar as mulheres que passam longos períodos com seus filhos internados em hospital.

Mielina: Camada lipoproteica que, em forma de uma bainha, integra o Sistema Nervoso Central e Periférico.

NPOR: Núcleo de Preparação de Oficiais da Reserva (NPOR) é um órgão de formação de oficiais e destina-se a formar o Aspirante-a-Oficial da Reserva (R/2), habilitando-o a ingressar no corpo de oficiais da reserva do Exército brasileiro.

Nutrição enteral: Quando o paciente não consegue se alimentar por via oral (boca), a ingestão dos alimentos pode ser feita através de uma sonda (passagem naso/orogástrica) posicionada ou implantada no estômago, no jejuno ou no duodeno. Nesse caso, os alimentos estão na forma líquida ou em pó e têm o mesmo valor nutricional de uma refeição equilibrada.

Óleo de Lorenzo: É uma mistura, na proporção 4:1, de trioleína e trierucina, os triacilgliceróis derivados, respectivamente, dos ácidos oleico e erúcico, preparados a partir dos óleos de oliva e colza. É usado em pacientes de Adrenoleucodistrofia (ALD). Foi formulado por Augusto e Michaela Odone, pais de Lorenzo Odone — daí o nome — paciente de Adrenoleucodistrofia. Hoje é considerado um dos mais eficiente tratamentos da ALD. É registrado pela ANVISA e comercializado no Brasil pela Support Advanced Medical Nutrition, empresa do Grupo Danone. Há um filme homônimo que conta a história de Lorenzo e da luta de seus pais para tratá-lo.

Pré-eclâmpsia: Também chamada de toxemia gravídica, é um transtorno da gravidez caracterizado pelo aumento da pressão arterial, inchaço das mãos e do rosto (edema) e liberação de proteínas na urina (proteinúria) posterior à vigésima semana de gestação.

Prognóstico: Palavra utilizada em medicina para definir a previsão do curso provável de uma doença.

Síndrome de Down: Causada pela trissomia do cromossomo 21, isto é, os portadores têm 47 cromossomos em suas células em vez de 46, como a maior parte da população.

Síndrome de Werdnig-Hoffmann: Nome dado à Atrofia Muscular Espinhal (AME) Tipo 1. É a forma mais grave, com início precoce e rápido.

TDH: Sigla de Transtorno do Déficit de Atenção e Hiperatividade, doença crônica que inclui dificuldade de atenção, hiperatividade e impulsividade.

Teleton: Maratona televisiva para aumentar a visibilidade e o conhecimento sobre deficiências, além de ajudar na captação de recursos.

Traqueostomia: Intervenção cirúrgica que consiste na abertura de um orifício na traqueia e na colocação de uma cânula para a passagem de ar.

Ultrassom morfológico: Exame de diagnóstico por imagem que permite visualizar o bebê dentro do útero, facilitando a identificação de algumas doenças ou malformações como Síndrome de Down ou cardiopatias congênitas, por exemplo.

Ventilação Mecânica (VM): Método de suporte à vida indicado quando o paciente é incapaz de manter uma via respiratória permeável e/ou trocas gasosas adequadas. Trata-se de uma máquina à qual o paciente permanece ligado para que consiga respirar.

As doenças raras abordadas neste livro

Adrenoleucodistrofia (ALD)

O que é?

O termo se refere a vários distúrbios hereditários diferentes que afetam o sistema nervoso e as glândulas adrenais. Outros nomes dessa doença são Adrenomieloneuropatia, Adrenoleucodistrofia cerebral infantil e Complexo de Schilder-Addison.

Causas

O gene que causa a Adrenoleucodistrofia foi identificado em 1993 e ocorre em cerca de uma em cada 20 mil pessoas, afetando principalmente homens. As mulheres podem ser portadoras sem apresentar os sintomas. A proteína da Adrenoleucodistrofia ajuda o organismo a quebrar ácidos graxos de cadeia muito longa. Quando isso não ocorre, os ácidos graxos se acumulam no organismo, podendo lesar a camada externa das células na medula espinhal, cérebro, glândulas adrenais e testículos.

Tipos

Existem três tipos de Adrenoleucodistrofia:

- A Adrenoleucodistrofia cerebral infantil afeta principalmente crianças entre quatro e dez anos e pode evoluir rapidamente se o distúrbio não for identificado precocemente.
- A adrenomielopatia/adrenomieloneuropatia afeta primariamente homens adultos. É mais leve do que a Adrenoleucodistrofia cerebral infantil e evolui comparativamente mais devagar.
- A doença de Addison é o terceiro tipo, também conhecida como insuficiência adrenal. A doença de Addison ocorre quando a glândula adrenal não produz hormônios suficientes.

Sintomas

Os sintomas, tratamentos e o prognóstico da Adrenoleucodistrofia variam dependendo do tipo. A Adrenoleucodistrofia não é curável, mas em alguns casos a progressão pode ser retardada.

Os sinais de Adrenoleucodistrofia cerebral infantil incluem espasmos musculares, convulsões, dificuldade para engolir, perda auditiva, problemas para compreensão da linguagem, distúrbio visual, hiperatividade, paralisia, coma, deterioração do controle de movimentos finos e estrabismo.

Os sintomas de Adrenomielopatia incluem: falta de controle da micção, fraqueza muscular, rigidez das pernas, dificuldade para pensar e relembrar percepções visuais.

Os sintomas de insuficiência da glândula adrenal da doença de Addison incluem: falta de apetite, perda de peso, redução da massa muscular, vômitos, fraqueza muscular, coma, pigmentação da pele com áreas mais escuras.

Diagnóstico

Os sintomas da Adrenoleucodistrofia podem mimetizar os sintomas de outras doenças. Portanto são necessários exames para diferenciar a Adrenoleucodistrofia de outros distúrbios neurológicos. São feitos exames de sangue para avaliar níveis anormais de ácidos graxos de cadeia muito longa, avaliar as glândulas adrenais e encontrar a mutação genética que causa a Adrenoleucodistrofia.

O médico pode também investigar lesões no cérebro com exames de ressonância magnética. Amostras da pele ou uma biópsia e cultura de fibroblastos pode também ser utilizada para avaliar os ácidos graxos de cadeia muito longa.

Crianças com suspeita de Adrenoleucodistrofia podem necessitar outros exames, incluindo avaliação visual.

Tratamento

Os métodos de tratamento dependem do tipo de Adrenoleucodistrofia. Esteroides podem ser utilizados para tratar a doença de Addison. Não existem métodos específicos para o tratamento dos outros tipos.

Algumas pessoas se beneficiaram com:

- dieta de baixos níveis de ácidos graxos de cadeia muito longa;
- ingestão do óleo de Lorenzo para ajudar a diminuir os níveis elevados de ácidos graxos de cadeia muito longa;
- medicamentos para aliviar sintomas como convulsões;
- fisioterapia para soltar os músculos e reduzir os espasmos.

Os médicos continuam a procurar novos tratamentos para a Adrenoleucodistrofia. Alguns estão experimentando o uso de transplantes de medula óssea, que, acredita-se, podem ajudar crianças com Adrenoleucodistrofia cerebral infantil, quando diagnosticada precocemente.

Prognóstico

A Adrenoleucodistrofia cerebral infantil resulta em coma fatal que pode durar até dez anos. O coma de longa duração geralmente ocorre cerca de dois anos após o aparecimento dos sintomas.

A Adrenomielopatia e a doença de Addison não são tão graves, evoluindo com velocidade menor. Os sintomas podem ser tratados, mas não existe cura.

Prevenção

Se uma mulher tiver história familiar de Adrenoleucodistrofia, o médico recomendará aconselhamento genético antes de ter filhos. Sondas de DNA e exames que avaliam ácidos graxos de cadeia muito longa elevados podem identificar mulheres portadoras de Adrenoleucodistrofia em 85% dos casos. A amniocentese ou amostragem dos vilos coriônicos pode ser realizada durante a gravidez para diagnosticar esse distúrbio.

Osteogênese Imperfeita (OI)

O que é?

Também conhecida como "ossos de vidro", é uma doença rara de origem genética provocada por uma falha no colágeno (tecido formador do osso) que resulta numa estrutura óssea extremamente frágil, sujeita a fraturas contínuas, inclusive durante o período de gestação. Dependendo do caso, pode causar também fragilidade nos dentes.

Causas

É uma desordem hereditária causada por mutações no colágeno tipo I. Por ser uma doença heterogênea, é classificada em quatro grupos conforme as manifestações clínicas, radiológicas e bioquímicas. A maior parte dos casos é herdada de maneira autossômica dominante.

Sintomas

Ossos que fraturam com facilidade; baixa estatura; perda de audição; dentes frágeis, descoloridos; esclerótica azul (a cor azul na parte branca dos olhos); deformidades esqueléticas dos membros, tórax e crânio; dificuldades respiratórias; músculos fracos; transpiração excessiva; prisão de ventre; tendência a machucar-se facilmente; articulações e ligamentos frouxos; voz aguda.

Diagnóstico

O diagnóstico deve ser considerado em qualquer criança com fraturas de repetição aos mínimos traumas. História familiar, exame clínico e achados radiológicos são importantes para a confirmação.

Tratamento

O tratamento da osteogênese imperfeita visa a qualidade de vida e o bem-estar dos portadores, visto que a condição ainda não tem cura. O uso de medicamentos para alívio das dores e redução do número de fraturas é importante, assim como o posicionamento de uma haste metálica para acompanhamento do crescimento dos ossos, preferencialmente até os seis anos de idade. O tratamento da osteogênese imperfeita pode ser um pouco caro e o SUS, Sistema Único de Saúde, cobre parte do mesmo. Algumas etapas, porém, não estão incluídas.

Prognóstico

Com as devidas precauções no dia a dia, a criança pode crescer e se desenvolver física, mental e emocionalmente.

Prevenção

Por ser uma doença hereditária e genética, não há muito a se fazer para evitá-la. Entretanto, algumas de suas complicações e transtornos podem ser reduzidos com o devido tratamento, por isso é de extrema importância realizar exames desde o nascimento e consultar um médico periodicamente, visto que a condição pode se manifestar também tardiamente.

Muitas pesquisas vêm sendo realizadas na área com o intuito de descobrir novas formas de tratamento e de redução dos sintomas. Importante destacar também a existência da ABOI, Associação Brasileira de Osteogênese Imperfeita, uma entidade sem fins lucrativos que auxilia portadores e familiares e ainda incentiva estas novas pesquisas.

Síndrome de Williams

O que é?

Também conhecida como Síndrome Williams-Beuren, é uma desordem genética difícil de ser diagnosticada, talvez pela pouca quantidade de casos. É uma doença genética, mas que não se transmite hereditariamente. O nome vem do médico Dr. J. C. P. Williams, que a descreveu em 1961 na Nova Zelândia, e do Dr. A. J. Beuren, da Alemanha, em 1962.

Causas

A Síndrome de Williams é causada pela ausência de cerca de 21 genes do cromossomo 7, incluindo os genes responsáveis pela produção de elastina, uma proteína que forma as fibras elásticas — muito comuns em regiões como o pavilhão auditivo, a trompa de Eustáquio, a epiglote, a cartilagem da laringe e as artérias elásticas. Essa ausência não tem causas genéticas, de modo que os pesquisadores supõem que ocorra aleatoriamente. A falta desses genes leva a problemas cardiovasculares e renais, podendo causar também o desenvolvimento irregular do cérebro.

Sintomas

Acometendo ambos os sexos, na maioria dos casos infantis (primeiro ano de vida), as crianças têm dificuldade de se alimentar, ficam irritadas facilmente e choram muito.

É caracterizada por "face de gnomo ou fadinha", nariz pequeno e empinado, cabelos encaracolados, lábios cheios, dentes pequenos e sorriso frequente. Essas crianças normalmente têm problemas de coordenação motora e equilíbrio, apresentando um atraso psicomotor. Seu comportamento é sociável e comunicativo, embora utilizem principalmente expressões faciais, contatos visuais e gestos em sua comunicação.

Embora comecem a falar tarde, por volta dos 18 meses, demonstram facilidade para aprender rimas e canções, demonstrando muita sensibilidade musical e concomitantemente boa memória auditiva.

Seu desenvolvimento motor é mais lento. Demoram a andar e têm grande dificuldade em executar tarefas que necessitem de coordenação motora, tais como cortar papel, desenhar, andar de bicicleta, amarrar o sapato etc. Nas crianças portadoras desta síndrome é grande a sociabilidade, entusiasmo, sensibilidade, memória fantástica para pessoas, nomes e locais; ansiedade, medo de altura, preocupação excessiva com determinados assuntos ou objetos, distúrbios do sono, controle do esfíncter. Muitas crianças com esta síndrome demonstram medo ao escutarem ruídos de bater palmas, liquidificador, avião, etc., por serem hipersensíveis ao som.

Diagnóstico

É muito importante identificar portadores desta síndrome logo na primeira infância, pois ela tem influência em diversas partes do desenvolvimento cognitivo, comportamental e motor.

O diagnóstico positivo de síndrome de Williams em recém-nascidos geralmente é muito difícil — a não ser quando se verificam elevados níveis de cálcio no sangue (hipercalcemia). As manifestações faciais características da doença, como aspecto da íris, estrabismo, lábios grossos e o sulco naso-labial, só se tornam mais evidentes em idades mais avançadas.

Os médicos iniciam o diagnóstico de Síndrome de Williams com um exame físico, em que ele realiza o reconhecimento de sintomas físicos característicos da doença. Em seguida, é realizado um teste genético para confirmar o diagnóstico.

Tratamento

Como não existe cura para Síndrome de Williams nem um tratamento específico, os métodos terapêuticos existentes visam o controle dos sinais e sintomas vinculados à síndrome, como hipertensão arterial, inflamação no ouvido, além de outros problemas cardiovasculares e renais.

Terapias de desenvolvimento da fala e fisioterapia também podem ajudar os pacientes a lidar os sintomas como deficiência cognitiva e rigidez muscular.

As medidas preventivas devem ser iniciadas logo após o diagnóstico, com um estudo minucioso para descarte de anomalias do coração e rins. É necessário monitorar frequentemente a hipertensão arterial, incluindo a avaliação da tensão arterial nos quatro membros.

A otite crônica exige avaliações auditivas frequentes e, quando necessário, o envio para uma consulta de otorrinolaringologia. O tratamento de problemas dentários necessita da profilaxia da endocardite. Face às infecções urinárias frequentes, torna-se necessário avaliar a função renal periodicamente e realizar um estudo minucioso na infância e na adolescência.

Na adolescência, para além de se manter a vigilância dos sistemas já descritos, deve-se pesquisar a presença de escoliose e contratura das articulações. Os problemas alimentares observados nos mais novos são ultrapassados, sendo a obesidade encontrada em 29% dos adultos. O comportamento e aproveitamento escolar, quando problemáticos, carecem de medidas de apoio. A ansiedade pode estar associada à úlcera péptica e a litíase biliar é um diagnóstico possível em doentes com dores abdominais.

Prognóstico
Cerca de 75% das pessoas com Síndrome de Williams têm alguma deficiência intelectual. A maioria dos pacientes não viverá tanto quanto o normal, devido a complicações. A maioria dos pacientes necessita de cuidadores em tempo integral e muitas vezes vive em casas de grupo supervisionadas.

Síndrome de Aicardi-Goutières

O que é?
É uma encefalopatia subaguda hereditária caracterizada pela associação de calcificação dos gânglios da base, leucodistrofia e linfocitose do fluido cerebrospinal (CSF).

Causas
A transmissão é autossômica recessiva, mas têm sido descritos casos raros de hereditariedade autossômica dominante. Em 2006, foram identificadas mutações causativas em quatro genes diferentes, que resultam em diferentes tipos da doença. Até ao momento, existem pouco mais de 120 casos descritos na literatura.

Sintomas
A maioria das crianças afetadas nasce a termo e apresenta padrão de crescimento normal. Os sintomas aparecem nos

primeiros dias ou meses de vida com uma encefalopatia subaguda grave (problemas de alimentação, irritabilidade, regressão ou atraso psicomotor), associada à epilepsia (53% dos casos), lesões de pele nas extremidades (43% dos casos) e episódios de doença febril asséptica (40% dos casos). Os sintomas progridem ao longo de vários meses, com o desenvolvimento de microcefalia e sinais piramidais, antes da estabilização da doença. Contudo, têm sido descritas formas menos graves com apresentação após um ano de idade, preservação da linguagem e da função cognitiva, e perímetro cefálico normal.

Diagnóstico

O diagnóstico é confirmado pela detecção de uma mutação em um dos quatro genes causadores da doença. Os diagnósticos diferencias principais são as infeções congênitas do tipo TORCH (toxoplasmose, rubéola, CMV, HSV1 e HSV2). O diagnóstico pré-natal é possível por meio de análise molecular de fluido amniótico ou de trofoblasto.

Tratamento

O tratamento é sintomático (controle dos problemas de alimentação, do atraso psicomotor e, se presente, da epilepsia).

Prognóstico

Cerca de 80% dos doentes que apresentam a forma grave morrem dentro dos primeiros dez anos de vida, mas tem sido relatada sobrevivência após a primeira década em formas moderadas.

Mucopolissacaridose (MPS)

O que é?
É uma doença metabólica hereditária. Isso significa que a pessoa nasce com falta ou diminuição de algumas substâncias encontradas no organismo, as enzimas que digerem os glicosaminoglicanos (GAG).

Tipos
MPS I: Síndrome de Hurler, Hurler-Schele e Schele
MPS II: Síndrome de Hurler
MPS III: Síndrome de Sanfilippo
MPS IV: Síndrome de Mórquio
MPS VI: Síndrome de Maroteux-Lamy
MPS VII: Síndrome de Sly

Sintomas
Os sintomas variam de acordo com a idade do paciente, com o tipo de Mucopolissacaridose e com a gravidade da doença de cada paciente.

Alguns dos sintomas são: macrocefalia (crânio maior que o normal); hidrocefalia; deficiência mental; alterações da face; aumento do tamanho da língua (macroglossia); dificuldade visual; dificuldade auditiva; má-formação dos dentes; infecções de ouvido; rinite crônica; atraso no crescimento (baixa estatura e baixo peso); rigidez das articulações; deformidades ósseas; excesso de pelos; compressão da medula espinhal; apneia do sono; infecções respiratórias; insuficiência de válvulas cardíacas; hérnia inguinal ou umbilical; aumento do fígado ou do baço; síndrome do túnel do carpo; prisão de ventre; diarreia.

Diagnóstico

O diagnóstico da Mucopolissacaridose é feito, normalmente, por um geneticista, após o encaminhamento por outro médico. Para confirmar a Mucopolissacaridose é realizado um exame de sangue para identificar a falta ou diminuição das enzimas.

Tratamento

Envolve uma equipe com diversos profissionais, de acordo com os sintomas que podem ser apresentados. Entre eles estão: médicos geneticista, pediatra, pneumologista, otorrinolaringologista, oftalmologista, ortopedista e neurologista, fisioterapeuta, dentista, fonoaudiólogo e psicólogo. Para um melhor tratamento, o ideal é procurar centros de atendimento a doenças genéticas.

Prognóstico

A esperança de vida é normal ou ligeiramente afetada na síndrome de Scheie, mas é reduzida na síndrome de Hurler, com a morte ocorrendo antes da adolescência, devido a graves complicações cardiovasculares e respiratórias.

Distrofia Muscular de Duchenne

O que é?

A Distrofia Muscular de Duchenne (DMD) é uma doença neuromuscular caracterizada por fraqueza e perda de massa muscular rapidamente progressiva, devido à degeneração dos músculos esquelético, liso e cardíaco.

Causas
A DMD é uma doença recessiva ligada ao cromossomo X, que causa lesões musculares.

Sintomas
Surgem no início da infância, e os meninos afetados podem ter atraso no desenvolvimento motor ou atraso global do desenvolvimento. As crianças com DMD geralmente não atingem a capacidade de correr ou saltar. A doença progride rapidamente e a criança desenvolve uma marcha bamboleante e sinal de Gower positivo. A subida de escadas torna-se difícil e a criança começa a cair frequentemente. A perda da capacidade da marcha autônoma ocorre entre os seis e os treze anos de idade, sendo que, nos doentes não tratados com esteroides, a idade média é de nove anos e meio. Uma vez perdida a capacidade de deambulação, as contraturas articulares e a escoliose desenvolvem-se rapidamente.

Diagnóstico
A suspeita diagnóstica tem como base o quadro clínico, a história familiar e os achados laboratoriais (a creatinina quinase sérica é 100-200 vezes superior ao nível normal). A biópsia muscular mostra características distróficas e ausência completa da proteína distrofina. Os estudos genéticos demonstram deleções e duplicações frame-shift, ou mutações nonsense no gene DMD. Os diagnósticos diferenciais incluem distrofia muscular de Becker e distrofias musculares das cinturas
O diagnóstico pré-natal é possível para famílias em que o diagnóstico foi confirmado por teste molecular.

Tratamento
O aconselhamento genético é muito importante: o risco de recorrência é de 50% para os fetos do sexo masculino. As

irmãs têm 50% de risco de serem portadoras. Os cuidados multidisciplinares são essenciais. A fisioterapia inclui alongamentos passivos e órteses tornozelo-pé noturnas para reduzir as contraturas do tendão de Aquiles.

O tratamento ideal é a administração de corticosteroides, que devem ser introduzidos quando as capacidades motoras da criança atingem um platô, normalmente entre cinco e sete anos de idade. As complicações com a terapia de corticosteroides devem ter uma orientação que inclui: controle de peso, antagonistas H2 para proteção gástrica, monitorização regular e tratamento para osteoporose, e avaliação oftalmológica de cataratas e glaucoma. É necessária monitorização cardíaca regular para permitir tratamento precoce com inibidores da ECA. Pode ser necessária cirurgia para a correção de escoliose e o BIPAP noturno é benéfico para o tratamento da insuficiência respiratória restritiva.

Prognóstico

A DMD tem um prognóstico grave e a esperança de vida é significativamente reduzida, com a morte ocorrendo no início da idade adulta. A cardiomiopatia e a insuficiência respiratória são as principais causas de morte em jovens adultos.

Atrofia Muscular Espinhal (AME) tipo 1

O que é?

Uma forma grave infantil de atrofia muscular espinhal proximal, caracterizada por fraqueza muscular grave e progressiva e hipotonia resultante da degeneração e perda dos neurônios motores inferiores da medula espinhal e do núcleo do tronco cerebral.

Causas

Tal como nas outras formas de SMA, a SMA1 é causada principalmente por deleções em homozigótica no gene SMN1(5q12.2-q13.3) que codifica a proteína SMN (sobrevivência do neurônio motor).

Sintomas

A doença é ligeiramente mais frequente em homens do que em mulheres. O início ocorre antes dos seis meses de idade (geralmente antes dos três meses). A fraqueza muscular grave (quase sempre simétrica) afeta primeiro os membros proximais e depois passa para as extremidades (mãos e pés). O choro é fraco. É frequente a redução da capacidade de sucção e de deglutição, levando a dificuldades de alimentação. Os reflexos tendinosos profundos estão ausentes. É comum a insuficiência respiratória. Contraturas leves (dos joelhos e, mais raramente, dos cotovelos) e escoliose podem estar presentes. Os doentes não são capazes de se sentar sem apoio e nunca serão capazes de andar.

Diagnóstico

O diagnóstico é baseado na história clínica e exame e pode ser confirmado por teste genético. Os diagnósticos diferenciais incluem SMA2, distrofias musculares congênitas, miopatias congênitas, algumas doenças mitocondriais de início precoce e distúrbios do metabolismo de carboidratos. O diagnóstico pré-natal é possível pela análise molecular de amniócitos ou amostras das vilosidades coriônicas.

Tratamento

Estudos clínicos tentam identificar potenciais tratamentos farmacológicos, mas atualmente é realizado apenas o tratamento dos sintomas com uma abordagem multidisciplinar a fim de melhorar a qualidade de vida. É necessário suporte respiratório e é recomendada fisioterapia. Pode ser útil ventilação não invasiva e gastrostomia. Antibioticoterapia é exigida em caso de infecção pulmonar e a fome crônica deve ser evitada.

Prognóstico
O prognóstico é geralmente ruim: a maioria dos doentes falece nos primeiros dois anos de vida devido à insuficiência respiratória. No entanto, em alguns casos, as manifestações são estáveis ou até mesmo regridem, e os doentes podem viver mais tempo.

Síndromes de Ehlers-Danlos (SED)

O que são?
As SED são um grupo de distúrbios hereditários que afetam a estrutura e a função do colágeno, base do tecido conjuntivo, que se torna anormalmente fraco. Como o tecido conjuntivo está presente em todo o organismo, a SED pode afetar todas as partes do corpo. Geralmente, porém, afeta pele, ligamentos, articulações e vasos sanguíneos. De acordo com a atual nosologia existem treze subtipos de SED. Estima-se que cerca de 40% da população apresente a síndrome, mas muito poucas pessoas são diagnosticadas, já que o desconhecimento é grande, mesmo por parte dos médicos e profissionais da saúde.

Causas
É uma doença genética.

Sintomas
Suas duas características principais são: a hipermobilidade articular (não necessariamente em todas as articulações) e a elasticidade da pele, que pode ocorrer em alguns pontos do

corpo e varia muito quanto à intensidade, podendo ser leve ou acentuada. Ambas estão presentes em todos os tipos, em maior ou menor grau, acompanhadas de dores articulares crônicas (queixas de mais de três meses), fadiga crônica e comprometimentos variáveis de órgãos internos, de acordo com o tipo da SED.

É comum também deslocamentos de articulações, como ombros, quadril; hipotonia muscular; joanetes; artrose precoce; vasos superficiais mais visíveis ("pele transparente"); prolapso de válvula mitral; varizes precoces; hematomas fáceis; fragilidade de órgãos internos e veias, o que pode causar hemorragias, dentre outros sintomas. Outra peculiaridade é a fragilidade cutânea, que pode ocasionar cicatrizes anômalas, variando desde cicatrizes atróficas ou hipertróficas até queloides e hiperpigmentação da pele.

Os indivíduos afetados podem ter de enfrentar os obstáculos sociais relacionados à sua doença na vida cotidiana. Contusões constantes, feridas na pele e idas constantes a hospitais e médicos transformam a vida das crianças afetadas e de seus pais.

Diagnóstico

A presença de sintomas clínicos como frouxidão nas juntas extremas e qualidades incomuns da pele, juntamente com a história da família, podem levar a um diagnóstico da SED. A hipermobilidade articular é bem fácil de diagnosticar e é um sintoma importante para identificar tanto a SED, quanto outras síndromes. Algumas pessoas com SED, porém, não são diagnosticadas até a idade adulta.

Tratamento

Não há cura nem tratamento por enquanto, apenas paliativos para os sintomas específicos.

Prognóstico

As perspectivas para indivíduos com SED dependem de seu tipo. Alguns indivíduos têm sintomas insignificantes, enquanto outros são severamente restringidos em sua vida diária. Extrema instabilidade articular e escoliose podem limitar a mobilidade de uma pessoa. A maioria dos indivíduos tem vida normal. No entanto, aqueles com envolvimento dos vasos sanguíneos, particularmente aqueles com SED tipo vascular, têm mais risco de complicações fatais.

Fontes de consulta

http://pt.healthline.com/health/Adrenoleucodistrofia#Description1
http://www.anoi.com.br
https://guiamedicobrasileiro.com.br/osteogenese-imperfeita/
http://www.cuidadosmil.com.br/artigo/69_001116/
www.orpha.net

Onde procurar ajuda se você suspeitar de alguma das doenças raras descritas neste livro

Instituto Vidas Raras: http://www.vidasraras.org.br/site/
Instituto Baresi: https://institutobaresi.wordpress.com/
Abrame Nordeste: http://abramenordeste.blogspot.com.br/
Gabriel Pollaco: http://gabrielpollaco.blogspot.com.br/
Projeto Angel Hair Team: https://www.facebook.com/projetoangelhairteam/
Adone MS: https://adonems.wordpress.com/
SWBrasil: http://swbrasil.org.br/
SEDBrasil: http://sedbrasil.wixsite.com/home

Este livro foi impresso em junho de 2018, na Vox Gráfica, em papel alto alvura 90g no miolo e supremo 250g na capa, e composto na fonte Minion